현대자동차 모빌리티

생산직
기술인력

실전모의고사 8회분

2024 최신판 시대에듀 현대자동차 모빌리티 생산직/기술인력 실전모의고사 8회분

Always with you

사람의 인연은 길에서 우연하게 만나거나 함께 살아가는 것만을 의미하지는 않습니다.
책을 펴내는 출판사와 그 책을 읽는 독자의 만남도 소중한 인연입니다.
시대에듀는 항상 독자의 마음을 헤아리기 위해 노력하고 있습니다. 늘 독자와 함께하겠습니다.

현대자동차그룹은 창의적 사고와 끝없는 도전을 통해 새로운 미래를 창조함으로써 인류 사회의 꿈을 실현한다는 경영철학을 바탕으로 한다. 현대자동차그룹은 고객의 삶의 동반자로서 만족과 감동을 주는 브랜드로 더욱 성장하기 위해, 브랜드 슬로건 'New Thinking, New Possibilities'를 바탕으로 브랜드 방향성인 'Modern Premium'을 고객에게 전달하고자 한다.

현대자동차그룹은 이러한 그룹의 비전에 적합한 인재를 창출해 내기 위해 최근 수시채용으로 전환하여 채용을 실시하고 있으며, 2023년 10년 만에 생산직 채용을 실시해 청년실업을 해소하고 국내 고용을 활성화하고자 하였다.

이에 시대에듀에서는 현대자동차그룹에 입사하고자 하는 수험생들에게 도움이 되고자 다음과 같은 특징을 가진 본서를 출간하게 되었다.

도서의 특징

❶ 언어/수리/도형/기초영어/기초과학/기계기능이해력/자동차구조학 총 7개 영역으로 구성된 실전모의고사 8회분을 수록하여 시험 직전 자신의 실력을 최종적으로 점검할 수 있도록 하였다.

❷ 부록에 현대자동차 회사상식 이론과 문제를 추가해 학습할 수 있도록 하였다.

❸ 모바일 OMR 답안채점/성적분석 서비스로 한눈에 정답률을 확인해 볼 수 있도록 하였다.

❹ 핏 모의고사(50문항)를 통해 부족한 부분을 추가적으로 학습해 볼 수 있도록 하였다.

끝으로 본 도서를 통해 현대자동차 모빌리티 생산직/기술인력 채용을 준비하는 여러분 모두에게 합격의 기쁨이 있기를 진심으로 기원한다.

SDC(Sidae Data Center) 씀

비전

> **휴머니티를 향한 진보**
> **Progress for Humanity**

현대자동차그룹은 진보가 인류에 대한 깊은 배려와 맞닿아 있을 때 비로소 의미를 가진다고 믿는다. 휴머니티는 현대자동차그룹을 하나로 만들고, 관계를 더욱 단단하게 해준다. 그리고 무엇에 힘을 쏟아야 할지 알려주며, 혁신을 향해 나아가야 할 지향점을 제시해 준다. 이러한 원칙은 현대자동차그룹의 관계를 더 강하게 하고, 서로를 공감하게 하여 더 가치 있는 삶을 제공한다. 현대자동차그룹은 인류를 위해 옳은 일을 하고자 존재한다.

핵심 가치

5대 핵심 가치는 현대자동차그룹의 조직과 구성원에게 내재되어 있는 성공 DNA이자 더 나은 미래를 향하여 새롭게 발전시키고 있는 구체적인 행동양식이다. 현대자동차그룹은 5대 핵심 가치를 통해 글로벌 기업의 위상에 맞는 선진문화를 구축하며 성공 DNA를 더욱 발전시켜 나갈 것이다.

고객 최우선
CUSTOMER
> 최고의 품질과 최상의 서비스를 제공함으로써 모든 가치의 중심에 고객을 최우선으로 두는 고객 감동의 기업 문화를 조성한다.

도전적 실행
CHALLENGE
> 현실에 안주하지 않고 새로운 가능성에 도전하며 '할 수 있다'는 열정과 창의적 사고로 반드시 목표를 달성한다.

소통과 협력
COLLABORATION
> 타 부문 및 협력사에 대한 상호 소통과 협력을 통해 '우리'라는 공동체 의식을 나눔으로써 시너지효과를 창출한다.

인재 존중
PEOPLE
> 우리 조직의 미래가 각 구성원의 마음가짐과 역량에 달려 있음을 믿고 자기계발에 힘쓰며, 인재 존중의 기업문화를 만들어 간다.

글로벌 지향
GLOBALITY
> 문화와 관행의 다양성을 존중하며, 모든 분야에서 글로벌 최고를 지향하고 글로벌 기업 시민으로서 존경받는 개인과 조직이 된다.

○ 인재상

> 도전, 창의, 열정, 협력, 글로벌 마인드로
> 그룹의 핵심 가치를 실천할 수 있는 인재

도전 ▶ 실패를 두려워하지 않으며,
신념과 의지를 가지고 적극적으로 업무를 추진하는 인재

창의 ▶ 항상 새로운 시각에서 문제를 바라보며
창의적인 사고와 행동을 실무에 적용하는 인재

열정 ▶ 주인의식과 책임감을 바탕으로
회사와 고객을 위해 헌신적으로 몰입하는 인재

협력 ▶ 개방적 사고를 바탕으로 타 조직과 방향성을 공유하고
타인과 적극적으로 소통하는 인재

글로벌 마인드 ▶ 타 문화의 이해와 다양성의 존중을 바탕으로
글로벌 네트워크를 활용하여 전문성을 개발하는 인재

⟳ 모집시기

시기가 정해져 있지는 않으며, 연중 수시로 진행

⟳ 지원방법

현대자동차그룹 채용 홈페이지(talent.hyundai.com)를 통한 온라인 지원 접수

⟳ 필수요건

❶ 고등학교 이상의 학력을 보유하신 분
❷ 해외여행에 결격 사유가 없는 분
❸ 남성의 경우, 지원서 접수 마감일까지 병역을 마쳤거나 면제되신 분

⟳ 우대요건

[한국산업인력공단]에서 주관하는 국가기술자격 항목 중 자동차생산 직무와 관련된 자격증에 한해 우대

※ 발행처 기준, 한국산업인력공단 외 자격증은 입력하지 않아도 됨

⟳ 채용절차

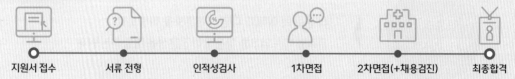

지원서 접수   서류 전형   인적성검사   1차면접   2차면접(+채용검진)   최종합격

학습플랜 STUDY PLAN

본서에 수록된 전 영역을 단기간에 끝낼 수 있도록 구성한 학습플랜이다. 한 번에 전 영역을 공부하지 않고, 한 영역을 집중적으로 공부할 수 있도록 하였다. 필기시험에 대한 기초 학습은 되어 있으나, 학습 계획 세우기에 자신이 없는 분들 혹은 미리 시험에 대비하지 못해 단시간에 많은 분량을 봐야 하는 수험생에게 추천한다.

TWO WEEKS STUDY PLAN

	1일 차 ☐	2일 차 ☐	3일 차 ☐
Start!	____월____일	____월____일	____월____일

4일 차 ☐	5일 차 ☐	6일 차 ☐	7일 차 ☐
____월____일	____월____일	____월____일	____월____일

8일 차 ☐	9일 차 ☐	10일 차 ☐	11일 차 ☐
____월____일	____월____일	____월____일	____월____일

12일 차 ☐	13일 차 ☐	14일 차 ☐	
____월____일	____월____일	____월____일	**Finish**

이 책의 차례 CONTENTS

실전모의고사

〈문항 및 시험시간〉

현대자동차 모빌리티 생산직 / 기술인력 FINAL 실전모의고사		
영역	문항 수	시간
언어		
수리		
도형		
기초영어	40문항	30분
기초과학		
기계기능이해력		
자동차구조학		

※ 해당 모의고사는 임의로 구성한 것이므로 실제 시험과 다소 차이가 있을 수 있습니다.

※ 본 저작물의 무단전재 및 복제를 금합니다.

제1회 실전모의고사

모바일 OMR
답안채점 / 성적분석
서비스

☑ 응시시간 : 30분   ☑ 문항 수 : 40문항

정답 및 해설 p.002

※ 다음 글의 내용으로 가장 적절한 것을 고르시오. [1~2]

01

> 만우절의 탄생과 관련해서 많은 이야기가 있지만, 가장 많이 알려진 것은 16세기 프랑스 기원설이다. 16세기 이전부터 프랑스 사람들은 3월 25일부터 일주일 동안 축제를 벌였고, 축제의 마지막 날인 4월 1일에는 모두 함께 모여 축제를 즐겼다. 그러나 16세기 말 프랑스가 그레고리력을 받아들이면서 달력을 새롭게 개정했고, 이에 따라 이전의 3월 25일을 새해 첫날(New Year's Day)인 1월 1일로 맞추어야 했다. 결국 기존의 축제는 달력이 개정됨에 따라 사라지게 되었다. 그러나 몇몇 사람들은 이 사실을 잘 알지 못하거나 기억하지 못했다. 사람들은 그들을 가짜 파티에 초대하거나, 그들에게 조롱 섞인 선물을 하면서 놀리기 시작했다. 프랑스에서는 이렇게 놀림감이 된 사람들을 '4월의 물고기'라는 의미의 '푸아송 다브릴(Poisson d'Avril)'이라 불렀다. 갓 태어난 물고기처럼 쉽게 낚였기 때문이다. 18세기에 이르러 프랑스의 관습이 영국으로 전해지면서 영국에서는 이날을 '오래된 바보의 날(All Fool's Day※)'이라고 불렀다.
> ※ 'All'은 'Old'를 뜻하는 'Auld'의 변형 형태(스코틀랜드)이다.

① 만우절은 프랑스에서 기원했다.
② 프랑스는 16세기 이전부터 그레고리력을 사용하였다.
③ 16세기 말 이전 프랑스에서는 3월 25일 ~ 4월 1일까지 축제가 열렸다.
④ 프랑스에서는 만우절을 '4월의 물고기'라고 불렀다.
⑤ 영국의 만우절은 18세기 이전 프랑스에서 전해졌다.

02

세계 식품 시장의 20%를 차지하는 할랄식품(Halal Food)은 '신이 허용한 음식'이라는 뜻으로 이슬람 율법에 따라 생산, 처리, 가공되어 무슬림들이 먹거나 사용할 수 있는 식품을 말한다. 이런 기준이 적용된 할랄식품은 엄격하게 생산되고 유통과정이 투명하기 때문에 일반 소비자들에게도 좋은 평을 얻고 있다.

할랄식품 시장은 최근 들어 급격히 성장하고 있는데 이의 가장 큰 원인은 무슬림 인구의 증가이다. 무슬림은 최근 20년 동안 5억 명 이상의 인구증가를 보이고 있어서 많은 유통업계들이 할랄식품을 위한 생산라인을 설치하는 등의 노력을 하고 있다.

그러나 할랄식품을 수출하는 것은 쉬운 일이 아니다. 신이 '부정한 것'이라고 하는 모든 것으로부터 분리돼야 하기 때문이다. 또한, 국제적으로 표준화된 기준이 없다는 것도 할랄식품 시장의 성장을 방해하는 요인이다. 세계 할랄 인증 기준만 200종에 달하고 수출업체는 각 무슬림 국가마다 별도의 인증을 받아야 한다. 전문가들은 이대로라면 할랄 인증이 무슬림 국가들의 수입 장벽이 될 수 있다고 지적한다.

① 할랄식품은 무슬림만 먹어야 하는 식품이다.
② 할랄식품의 이미지 때문에 소비자들에게 인기가 좋다.
③ 할랄식품 시장의 급격한 성장으로 유통업계에서 할랄식품을 위한 생산라인을 설치 중이다.
④ 표준화된 할랄 인증 기준을 통과하면 무슬림 국가에 수출이 가능하다.
⑤ 할랄식품은 그 자체가 브랜드이기 때문에 큰 걸림돌 없이 지속적인 성장이 가능하다.

03 다음 글에서 〈보기〉의 문장이 들어갈 위치로 가장 적절한 곳은?

(가) 알렉산더 그레이엄 벨은 전화를 처음 발명한 사람으로 알려져 있다. 1876년 2월 14일 벨은 설계도와 설명서를 바탕으로 전화에 대한 특허를 신청했고, 같은 날 그레이도 전화에 대한 특허 신청서를 제출했다. 1876년 3월 7일 미국 특허청은 벨에게 전화에 대한 특허를 부여했다. (나) 하지만 벨이 특허를 받은 이후 누가 먼저 전화를 발명했는지에 대해 치열한 소송전이 이어졌다. 여기에는 그레이를 비롯하여 안토니오 무치 등 많은 사람이 관련돼 있었다. 특히 무치는 1871년 전화에 대한 임시 특허를 신청하였지만, 돈이 없어 정식 특허로 신청하지 못했다. 2002년 미국 하원 의회에서는 무치가 10달러의 돈만 있었다면 벨에게 특허가 부여되지 않았을 것이라며 무치의 업적을 인정하기도 했다. (다) 그레이와 벨의 특허 소송에서도 벨은 모두 무혐의 처분을 받았고, 1887년 재판에서 전화의 최초 발명자는 벨이라는 판결이 났다. 그레이가 전화의 가능성을 처음 인지한 것은 사실이지만, 전화를 완성하기 위한 후속 조치를 취하지 않았다는 것이었다. (라) 사실 19세기 중엽은 전화 발명으로 무르익은 시기였고, 전화 발명에 많은 사람이 도전했다고 볼 수 있다. 한 개인이 전화를 발명했다기보다 여러 사람이 전화 탄생에 기여했다는 이야기로 이어질 수 있다. 하지만 결국 최초의 공식 특허를 받은 사람은 벨이며, 벨이 만들어낸 전화 시스템은 지금도 세계 통신망에 단단히 뿌리를 내리고 있다. (마)

> **보기**
>
> 그러나 벨의 특허와 관련된 수많은 소송은 무치의 죽음, 벨의 특허권 만료와 함께 종료되었다.

① (가)　　　　　　　　　　　　② (나)

③ (다)　　　　　　　　　　　　④ (라)

⑤ (마)

※ 다음 명제를 통해 얻을 수 있는 결론으로 적절한 것을 고르시오. **[4~6]**

04

- 모든 1과 사원은 가장 실적이 많은 2과 사원보다 실적이 많다.
- 가장 실적이 많은 4과 사원은 모든 3과 사원보다 실적이 적다.
- 3과 사원 중 일부는 가장 실적이 많은 2과 사원보다 실적이 적다.

① 1과 사원 중 가장 적은 실적을 올린 사원과 같은 실적을 올린 사원이 4과에 있다.

② 3과 사원 중 가장 적은 실적을 올린 사원과 같은 실적을 올린 사원이 4과에 있다.

③ 모든 2과 사원은 4과 사원 중 일부보다 실적이 적다.

④ 어떤 1과 사원은 가장 실적이 많은 3과 사원보다 실적이 적다.

⑤ 어떤 3과 사원은 가장 실적이 적은 1과 사원보다 실적이 적다.

05

> • 연필을 좋아하는 사람은 지우개를 좋아한다.
> • 볼펜을 좋아하는 사람은 수정테이프를 좋아한다.
> • 지우개를 좋아하는 사람은 샤프를 좋아한다.
> • A는 볼펜을 좋아한다.

① 볼펜을 좋아하는 사람은 연필을 좋아한다.
② 지우개를 좋아하는 사람은 볼펜을 좋아한다.
③ A는 수정테이프를 좋아한다.
④ 연필을 좋아하는 사람은 수정테이프를 좋아한다.
⑤ 샤프를 좋아하는 사람은 볼펜을 좋아한다.

06

> • 어떤 꽃은 향기롭다.
> • 향기로운 꽃은 주위에 나비가 많다.
> • 주위에 나비가 많은 모든 꽃은 아카시아이다.

① 주위에 나비가 없는 꽃은 아카시아이다.
② 어떤 꽃은 아카시아이다.
③ 주위에 나비가 많은 꽃은 향기롭다.
④ 어떤 꽃은 나비가 많지 않다.
⑤ 모든 아카시아는 향기롭다.

07 두 개의 톱니바퀴 A, B가 맞물려 회전하고 있다. A의 톱니가 25개이고 B의 톱니가 35개라면 지금 맞물려 있는 톱니가 다시 만나기 위해서는 A가 최소 몇 바퀴 회전해야 하는가?

① 5바퀴   ② 6바퀴
③ 7바퀴   ④ 8바퀴
⑤ 9바퀴

08 A와 B가 같이 일을 하면 12일이 걸리고, B와 C가 같이 일을 하면 6일, C와 A가 같이 일을 하면 18일이 걸리는 일이 있다. 만약 A~C 모두 함께 72일 동안 일을 하면 기존에 했던 일의 몇 배의 일을 할 수 있는가?

① 9배　　　　　　　　　　　　② 10배
③ 11배　　　　　　　　　　　　④ 12배
⑤ 13배

09 정오각형 모양의 탁자에 남자 5명과 여자 5명이 탁자의 각 변에 두 명씩 둘러앉으려고 한다. 이때 탁자의 각 변에 남자와 여자가 이웃하여 앉을 확률은?(단, 회전하여 일치하는 경우는 모두 같은 것으로 본다)

① $\dfrac{5}{63}$　　　　　　　　　　② $\dfrac{8}{63}$

③ $\dfrac{10}{63}$　　　　　　　　　④ $\dfrac{13}{63}$

⑤ $\dfrac{17}{63}$

10 테니스 동아리에서 테니스장 사용료를 내려고 한다. 모두 같은 금액으로 한 명당 5,500원씩 내면 3,000원이 남고 5,200원씩 내면 300원이 부족할 때, 테니스장 사용료는?

① 37,500원　　　　　　　　　② 47,500원
③ 57,500원　　　　　　　　　④ 67,500원
⑤ 77,500원

11 민우, 현호, 용재, 경섭, 진수가 일렬로 줄을 설 때 양 끝에 현호와 진수가 서게 될 확률은 $\dfrac{b}{a}$이다. $a+b$는?(단, a와 b는 서로소이다)

① 9　　　　　　　　　　　　② 10
③ 11　　　　　　　　　　　④ 12
⑤ 13

12 다음은 시기별 1인당 스팸 문자의 내용별 수신 수를 나타낸 자료이다. 이에 대한 설명으로 옳지 않은 것은?

〈1인당 스팸 문자의 내용별 수신 수〉

(단위 : 통)

구분	2021년 하반기	2022년 상반기	2022년 하반기
대출	0.03	0.06	0.08
성인	0.00	0.01	0.01
일반	0.12	0.05	0.08
합계	0.15	0.12	0.17

① 성인 관련 스팸 문자는 2022년부터 수신되기 시작했다.

② 가장 높은 비중을 차지하는 스팸 문자의 내용은 해당 기간 동안 변화했다.

③ 내용별 스팸 문자 수에서 감소한 종류는 없다.

④ 해당 기간 동안 가장 큰 폭으로 증가한 것은 대출 관련 스팸 문자이다.

⑤ 전년 동분기 대비 2022년 하반기의 1인당 스팸 문자의 내용별 수신 수의 증가율은 약 13%이다.

13 다음 중 제시된 도형과 같은 것은?

①   ②

③   ④

⑤

14 다음 도형을 좌우 반전한 후, 시계 방향으로 90° 회전했을 때의 모양은?

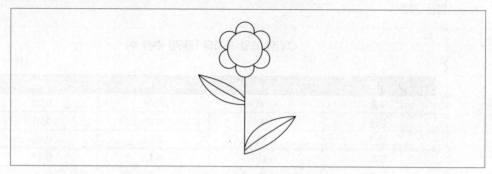

①

②

③

④

⑤

15 다음 블록의 개수는?(단, 보이지 않는 곳의 블록은 있다고 가정한다)

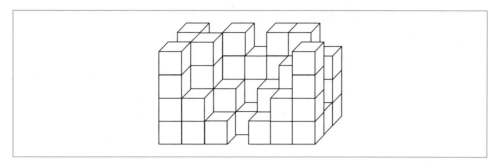

① 55개 ② 54개
③ 53개 ④ 52개
⑤ 51개

16 다음 중 영어 단어와 그 뜻이 바르게 연결되지 않은 것은?

① Airplane – 비행기 ② Motorcycle – 오토바이
③ Subway – 지하철 ④ Oil Tanker – 유조차
⑤ Van – 배

17 다음 중 〈보기〉에 제시된 단어의 뜻으로 옳은 것은?

> **보기**
>
> Subject

① 지역 ② 과목
③ 점검 ④ 결과
⑤ 과거

18 다음 중 자동차 부품의 한글 명칭과 영어 명칭이 바르게 연결된 것은?

① 윈드실드 – Windsheild

② 바퀴 – Wheel

③ 루프 – Loof

④ 연료탱크 – Full Tank

⑤ 조수석 – Fassenger Seat

19 다음 중 〈보기〉에 제시된 자동차 부품의 명칭을 영어로 바르게 옮긴 것은?

보기

주차 브레이크

① Hold Brake   ② Stop Brake

③ Stop Break   ④ Parking Break

⑤ Parking Brake

20 도르래의 두 물체가 다음과 같이 운동하고 있을 때, 두 물체의 가속도는?(단, 중력가속도는 10m/s^2 이고, 모든 마찰 및 공기 저항은 무시한다)

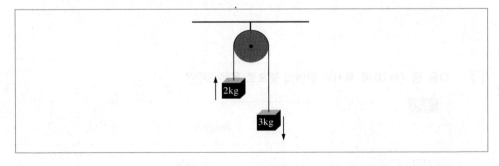

① 1m/s^2 ② 2m/s^2

③ 3m/s^2 ④ 4m/s^2

⑤ 5m/s^2

21 다음 그림에서 수평이 되기 위한 막대의 무게는?

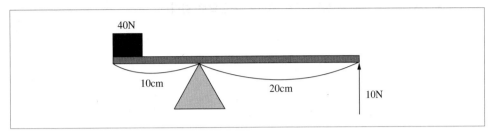

① 20N   ② 30N

③ 40N   ④ 50N

⑤ 60N

22 다음 그림과 같이 지레에 무게가 10N인 물체를 놓고 지렛대를 수평으로 하기 위하여 필요한 힘 F의 크기는?

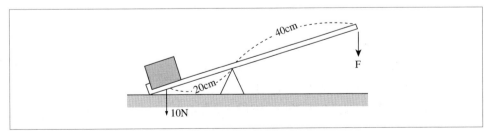

① 5N   ② 10N

③ 15N   ④ 20N

⑤ 25N

23 그림과 같이 쇠구슬이 A에서 D로 레일을 따라 굴러갔다. A ~ D 중, 중력에 의한 쇠구슬의 위치 에너지가 가장 작은 지점은?(단, 지면을 기준으로 한다)

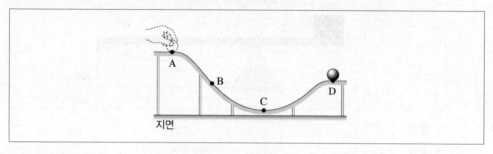

① A   ② B

③ C   ④ D

⑤ 모두 같다.

24 그림과 같이 저항을 연결하였다. 이에 대한 설명으로 옳은 것을 〈보기〉에서 모두 고르면?

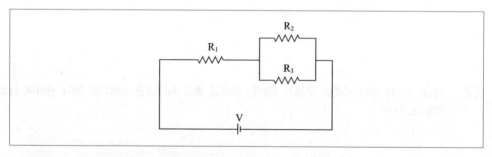

> **보기**
>
> 가. R_1을 증가시키면 전체 합성 저항은 증가한다.
>
> 나. R_2를 증가시키면 R_3에 흐르는 전류는 증가한다.
>
> 다. R_3를 증가시키면 R_1에 걸리는 전압은 감소한다.

① 가   ② 나

③ 가, 나   ④ 가, 다

⑤ 가, 나, 다

25 저항이 4Ω인 세 저항 R_1, R_2, R_3를 전압이 12V인 전원장치에 연결하였다. 현재 전류계에 흐르는 전류의 세기는?

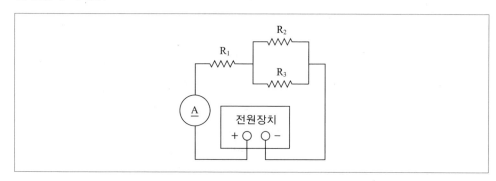

① 1A
② 2A
③ 3A
④ 4A
⑤ 5A

26 다음과 같이 수평면 위에 정지해 있는 1kg의 물체에 수평 방향으로 4N과 8N의 힘이 서로 반대 방향으로 작용한다면, 이 물체의 가속도 크기는?(단, 모든 마찰과 저항은 무시한다.)

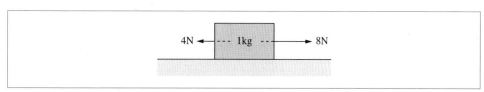

① 4m/s^2
② 5m/s^2
③ 6m/s^2
④ 7m/s^2
⑤ 8m/s^2

27 다음은 자석이 움직이면서 생긴 자기장 변화로 코일에 전류가 발생하는 실험을 나타낸 것이다. 이와 같은 원리를 이용하는 센서는?

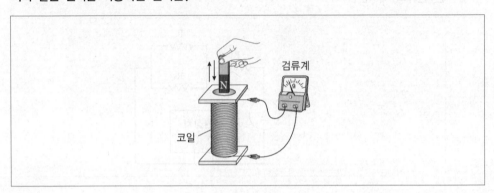

① 광센서　　　　　　　　　　② 가스 센서
③ 이온 센서　　　　　　　　　④ 전자기 센서
⑤ 온도 센서

28 그림 A ~ C와 같이 높이 h에서 가만히 놓은 공이 경사면을 따라 내려올 때, 지면에 도달하는 순간의 속력에 대한 설명으로 적절한 것은?(단, 공은 모두 동일하고, 모든 마찰은 무시한다)

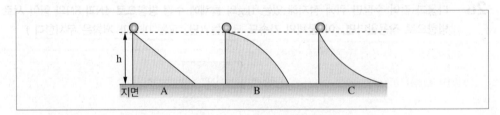

① A에서 가장 빠르다.　　　　② B에서 가장 빠르다.
③ C에서 가장 빠르다.　　　　④ 모두 같다.
⑤ 알 수 없다.

29 전기 회로에서 저항이 5Ω인 2개의 전구를 직렬로 연결하고, 전압이 6V인 건전지를 연결하였다. 이 회로에서 흐르는 전체전류의 세기는?

① 0.2A

② 0.3A

③ 0.4A

④ 0.5A

⑤ 0.6A

30 축전지의 전압이 12V이고, 권선비가 1 : 40인 경우 1차 유도전압이 350V이면, 2차 유도전압은?

① 7,000V

② 10,000V

③ 12,000V

④ 13,000V

⑤ 14,000V

31 12V-100A의 발전기에서 나오는 출력은?

① 1.73PS

② 1.63PS

③ 1.53PS

④ 1.43PS

⑤ 1.33PS

32 다음 중 교류발전기의 구성 요소로 옳지 않은 것은?

① 로터

② 스테이터

③ 정류기

④ 컷아웃 릴레이

⑤ 실리콘 다이오드

33 다음 중 모터(기동전동기)의 분류로 적절한 것은?

① 직렬형, 병렬형, 복합형

② 직렬형, 복렬형, 병렬형

③ 직권형, 복권형, 복합형

④ 직권형, 분권형, 복권형

⑤ 직권형, 분권형, 복합형

34 다음 중 현가장치의 판 스프링 구조에 해당하는 것이 아닌 것은?

① 스팬(Span)
② 너클(Knuckle)
③ 스프링 아이(Spring Eye)
④ 유(U)볼트
⑤ 닙(Nip)

35 조향장치에서 조향 기어비를 나타낸 것으로 옳은 것은?

① (조향 휠 회전각도)÷(피트먼 암 선회각도)
② (조향 휠 회전각도)×(피트먼 암 선회각도)
③ (조향 휠 회전각도)+(피트먼 암 선회각도)
④ (피트먼 암 선회각도)−(조향 휠 회전각도)
⑤ (피트먼 암 선회각도)×(조향 휠 회전각도)

36 다음 그림은 버니어 캘리퍼스를 이용하여 실린더의 두께를 측정한 결과이다. 이 실린더의 두께는? (단, 화살표는 아들자와 어미자의 눈금이 일치하는 곳이다)

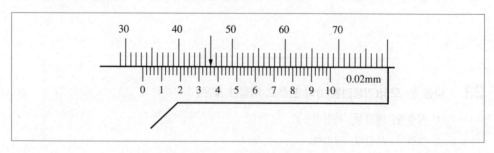

① 30mm
② 30.36mm
③ 33mm
④ 33.36mm
⑤ 36mm

37 다음 그림은 버니어 캘리퍼스를 이용하여 어떤 회전축의 직경을 측정한 결과이다. 이 회전축의 직경은?(단, 화살표는 아들자와 어미자의 눈금이 일치하는 곳이다)

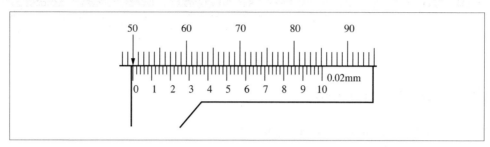

① 50mm
② 51mm
③ 52mm
④ 53mm
④ 55mm

38 다음 중 여지 반사식 매연측정기의 시료 채취관을 배기관에 삽입할 때, 가장 알맞은 깊이는?

① 20cm
② 30cm
③ 40cm
④ 50cm
④ 60cm

39 다음 중 수랭식 냉각장치의 장단점에 대한 설명으로 옳지 않은 것은?

① 공랭식보다 소음이 크다.
② 공랭식보다 보수 및 취급이 복잡하다.
③ 공랭식보다 체적이 간소화된다.
④ 실린더 주위를 균일하게 냉각시켜 공랭식보다 냉각효과가 좋다.
⑤ 실린더 주위를 저온으로 유지시키므로 공랭식보다 체적효율이 좋다.

40 정지하고 있는 질량 2kg의 물체에 1N의 힘이 작용하면 물체의 가속도는?

① 0.2m/s^2
② 0.5m/s^2
③ 1m/s^2
④ 2m/s^2
⑤ 5m/s^2

제2회 실전모의고사

모바일 OMR
답안채점 / 성적분석
서비스

☑ 응시시간 : 30분   ☑ 문항 수 : 40문항

정답 및 해설 p.009

01 다음 글에서 언급한 내용이 아닌 것은?

> 사람들은 조직에 참여하는 데 시간과 에너지를 투자함으로써 여러 가지 이점을 얻을 수 있다. 예를 들어, 시민단체에 가입한 사람들은 그렇지 않은 사람에 비해 당국의 정책에 더 큰 영향을 미칠 수 있을 것이다. 또 대학교의 동아리 활동에 적극적으로 참여한 학생들은 관심사가 비슷한 사람들과 교류하면서 취업의 정보를 얻는 데 많은 도움을 받을 수 있을 것이다.
>
> 이처럼 사람들이 조직에 가입하는 기본적 이유는 집단에 자신들의 영향력을 증가시키거나 인맥을 얻기 위해서라고 할 수 있다. 사회학자들은 개인이 조직의 구성원이 됨으로써 얻게 되는 이러한 이익을 '사회 자본(Social Capital)'이라고 부른다.
>
> 사회 자본에 대해 폭넓은 연구를 수행해 왔던 미국의 정치학자 퍼트넘은 사회 자본을 '연결적 유형'과 '결속적 유형'으로 구분하였다. 연결적 유형은 외향적이고 포괄적인 반면, 결속적 유형은 내향적이고 배제적인 특징을 가진다. 예를 들어, 백인의 모임이나 흑인의 모임 등 특정한 인종 조직이 자신들의 권리를 지키기 위해 하는 활동인 경우 결속적 유형에 해당하지만 인종 차별 철폐를 위해 흑인과 백인이 함께하는 민권 운동은 연결적 유형에 해당한다고 볼 수 있다. 연결적 유형은 사회적 격차를 넘어선 사회 통합을 가능하게 하는 반면, 결속적 유형은 집단의 동일성을 더욱 강화해 주는 기능을 한다. 이러한 종류의 사회 자본은 시민들이 자발적으로 사회 활동에 참여할 수 있는 근거를 마련해 주기도 하므로 시민 사회를 유지하는 데 필수적인 요소라 할 수 있다.
>
> 그러나 퍼트넘은 그의 저서 『나 홀로 볼링』에서 미국 사회에서 개인의 조직 참여율이 빠르게 줄어들고 있는 점을 지적하였다. 예를 들자면, 지난 10년간 미국에서 볼링을 즐기는 인구는 10% 정도 늘었지만, 조직화된 모임에 속해서 볼링을 치는 사람은 40%나 줄었다는 것이다. 퍼트넘은 이러한 경향이 곧 시민들의 민주적 참여의 감소 현상으로 나타날 수 있다는 점을 우려하였다. 그는 특별히 연결적 사회 자본은 민주주의가 꽃피기 위한 중요한 밑거름이 된다고 보았다. 사회 자본은 조직에 속해 있는 구성원들로 하여금 '연결되어 있다.'는 생각을 하게 하는데, 이러한 생각이 사회적 참여를 적극적으로 유도함으로써 자신이 속해 있는 조직에 바람직한 변화를 가져오게 하기 때문이다.

① 사회 자본의 유형
② 사회 자본의 정의
③ 사회 자본의 효용성
④ 사회 자본의 운용 방법
⑤ 사회 자본의 감소 현상

02 다음 글에 대한 반론으로 가장 적절한 것은?

> 투표는 주요 쟁점에 대해 견해를 표현하고 정치권력을 통제할 수 있는 행위로, 일반 유권자가 할 수 있는 가장 보편적인 정치 참여 방식이다. 그래서 정치학자와 선거 전문가들은 선거와 관련하여 유권자들의 투표 행위에 대해 연구해 왔다. 이 연구는 일반적으로 유권자들의 투표 성향, 즉 투표 참여 태도나 동기 등을 조사하여, 이것이 투표 결과와 어떤 상관관계가 있는가를 밝힌다. 투표 행위를 설명하는 이론 역시 다양하다.
>
> 합리적 선택 모델은 유권자 개인의 이익을 가장 중요한 요소로 보고, 이를 바탕으로 투표 행위를 설명한다. 이 모델에서는 인간을 자신의 이익을 극대화하기 위해 행동하는 존재로 보기 때문에, 투표 행위를 개인의 목적을 위한 수단으로 간주한다. 따라서 유권자는 자신의 이해와 요구에 부합하는 정책을 제시하는 후보자를 선택한다고 본다.

① 사람들은 자신에게 유리한 결과를 도출하기 위해 투표를 한다.

② 유권자들은 정치 권력을 통제하기 위한 수단으로 투표를 활용한다.

③ 사람들은 자신의 이익이 커지는 쪽으로 투표를 한다.

④ 유권자들의 투표 성향은 투표 결과에 영향을 끼친다.

⑤ 유권자들은 개인이지만 결국 사회적인 배경에서 완전히 자유로울 수 없다.

03 다음 글에서 〈보기〉의 문장이 들어갈 위치로 가장 적절한 곳은?

그럼 이제부터 제형에 따른 특징과 복용 시 주의점을 알아보겠습니다. 먼저 산제나 액제는 복용해야 하는 용량에 맞게 미세하게 조절이 가능합니다. 그리고 정제나 캡슐제에 비해 노인이나 소아가 약을 삼키기 쉽고 약효도 빠르게 나타납니다. (가) 캡슐제는 캡슐로 약물을 감싸서 자극이 강한 약물을 복용할 때 생기는 불편을 줄일 수 있고, 정제로 만들면 약효가 떨어질 수 있는 경우에 사용되어 약효를 유지할 수 있습니다. (나) 하지만 캡슐제는 캡슐이 목구멍이나 식도에 달라붙을 수 있기 때문에 충분한 양의 물과 함께 복용해야 합니다. (다)

그리고 정제는 일정한 형태로 압축되어 있어 산제나 액제에 비해 보관이 간편하고 정량을 복용하기 쉽습니다. 이러한 정제는 약물의 성분이 빠르게 방출되는 속방정과 서서히 지속적으로 방출되는 서방정으로 구분할 수 있습니다. (라) 서방정은 오랜 시간 일정하게 약의 효과를 유지할 수 있어 복용 횟수를 줄일 수 있습니다. 그런데 서방정은 함부로 쪼개거나 씹어서 먹으면 안 됩니다. 왜냐하면 약물의 방출 속도가 달라져 부작용의 위험이 커질 수 있기 때문입니다.

오늘 강연 내용은 유익하셨나요? 이번 강연이 약에 대한 이해를 높일 수 있는 계기가 되었으면 합니다. 또한 약과 관련해 더 궁금한 내용이 있다면 '온라인 의약 도서관'을 통해 찾아보실 수 있습니다. (마) 마지막으로 상세한 복약 정보는 꼭 의사나 약사에게 확인하시기 바랍니다. 경청해 주셔서 감사합니다.

> **보기**
> 하지만 이 둘은 정제에 비해 변질되기 쉬우므로 특히 보관에 주의해야 하고 복용 전 변질 여부를 잘 확인해야 합니다.

① (가) ② (나)
③ (다) ④ (라)
⑤ (마)

04 다음 빈칸에 들어갈 문장으로 가장 적절한 것은?

사회가 변하면 사람들은 그때까지의 생활을 그대로 수긍하지 못한다. 새로운 생활에 맞는 새로운 언어를 필요로 하게 된다. 그 언어가 자연스럽게 육성되기를 기다릴 수도 있지만, 사람들은 대개 외국으로부터 그러한 개념의 언어를 빌려오려고 한다. 돈이나 기술을 빌리는 것에 비하면 언어는 대가 없이 빌려 쓸 수 있으므로 대개는 제한 없이 외래어를 빌린다. 특히 _____ 광복 이후 우리 사회에서 외래어가 넘쳐나는 것은 그간 우리나라의 고도성장과 절대 무관하지 않다.

① 외래어의 증가는 사회의 팽창과 함께 진행된다.
② 새로운 언어는 사회의 변화를 선도하기도 한다.
③ 외래어가 증가하면 범람한다는 비판을 받게 된다.
④ 새로운 언어는 인간의 욕망을 적절히 표현해 준다.
⑤ 새로운 언어는 필연적으로 외국의 개념을 빌릴 수밖에 없다.

05

- 오존층이 파괴되지 않으면 프레온 가스가 나오지 않는다.
- _____
- 지구 온난화가 진행되지 않았다면 오존층이 파괴되지 않는다.
- 지구 온난화가 진행되지 않았다면 에어컨을 과도하게 사용하지 않았다.

① 에어컨을 잘 쓰지 않으면 프레온 가스가 나오지 않는다.
② 프레온 가스가 나온다고 해도 오존층은 파괴되지 않는다.
③ 오존층을 파괴하면 지구 온난화가 진행된다.
④ 에어컨을 과도하게 쓰면 프레온 가스가 나온다.
⑤ 에어컨을 적게 써도 지구 온난화는 진행된다.

06

- 비가 오면 한강 물이 불어난다.
- 비가 오지 않으면 보트를 타지 않은 것이다.
- _____
- 따라서 자전거를 타지 않으면 한강 물이 불어난다.

① 자전거를 타면 비가 오지 않는다.
② 보트를 타면 자전거를 탄다.
③ 한강 물이 불어나면 보트를 타지 않은 것이다.
④ 자전거를 타지 않으면 보트를 탄다.
⑤ 보트를 타면 비가 오지 않는다.

07 열차가 50m의 터널을 통과하는 데 10초, 200m의 터널을 통과하는 데 25초가 걸린다. 열차의 길이는?

① 35m

② 40m

③ 45m

④ 50m

⑤ 55m

08 A와 B는 제품을 포장하는 아르바이트를 하고 있다. A는 8일마다 남은 물품의 $\frac{1}{2}$씩 포장하고, B는 2일마다 남은 물품의 $\frac{1}{2}$씩 포장한다. A가 처음 512개의 물품을 받아 포장을 시작했는데 24일 후의 A와 B의 남은 물품의 수가 같았다. B가 처음에 받은 물품의 개수는?

① 2^{16}개

② 2^{17}개

③ 2^{18}개

④ 2^{19}개

⑤ 2^{20}개

09 소율이 엄마는 소율이에게 2시간 뒤에 돌아올 때까지 180L 들이의 항아리에 물을 가득 채워 놓으라고 하였다. 소율이는 1분에 1.5L의 물을 부으면 항아리가 2시간 안에 가득 채워지는 것을 알고, 엄마가 돌아오기 전에 일을 끝내려고 1분에 1.5L의 물을 붓기 시작했다. 그런데 30분이 지난 후, 항아리 안을 살펴보니 바닥에 금이 가 있어서 물이 항아리의 $\frac{1}{12}$밖에 차지 않았다. 엄마가 돌아왔을 때 항아리에 물이 가득 차 있으려면 남은 시간 동안에는 1분에 최소 몇 L 이상의 물을 부어야 하는가?

① 2.6L

② 2.7L

③ 2.8L

④ 2.9L

⑤ 3L

10 서로 맞물려 도는 두 톱니바퀴 A, B가 있다. A의 톱니의 수는 18개, B의 톱니의 수는 15개일 때, 두 톱니바퀴가 같은 톱니에서 다시 맞물리기 위한 B의 최소 회전 수는?

① 3바퀴　　　　　　　　　　　　② 4바퀴

③ 5바퀴　　　　　　　　　　　　④ 6바퀴

⑤ 7바퀴

11 서진이, 민진이를 포함한 5명이 일렬로 놓인 영화관의 좌석에 앉으려고 한다. 서진이와 민진이 사이에 적어도 1명이 앉게 될 확률은?

① $\dfrac{1}{5}$　　　　　　　　　　② $\dfrac{3}{5}$

③ $\dfrac{7}{15}$　　　　　　　　　　④ $\dfrac{8}{15}$

⑤ $\dfrac{13}{17}$

12 다음은 H제철소에서 생산한 철강의 출하량을 분야별로 기록한 표이다. 2022년도에 세 번째로 많은 생산을 했던 분야에서 2020년 대비 2021년의 변화율을 바르게 표시한 것은?

〈H제철소 철강 출하량〉

(단위 : 천 톤)

구분	자동차	선박	토목 / 건설	일반기계	기타
2020년	5,230	3,210	6,720	4,370	3,280
2021년	6,140	2,390	5,370	4,020	4,590
2022년	7,570	2,450	6,350	5,730	4,650

① 약 10% 증가하였다.　　　　　② 약 10% 감소하였다.

③ 약 8% 증가하였다.　　　　　　④ 약 8% 감소하였다.

⑤ 변동 없다.

13

①

②

③

④

⑤

14

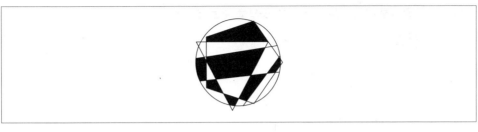

①  ②

③  ④

⑤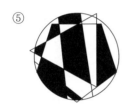

15 다음 블록의 개수는?(단, 보이지 않는 곳의 블록은 있다고 가정한다)

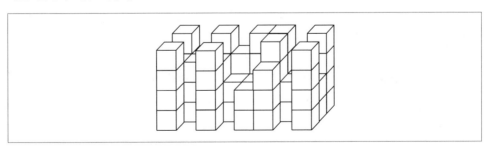

① 65개 ② 66개

③ 67개 ④ 68개

⑤ 69개

16 다음 중 〈보기〉에 제시된 단어의 뜻으로 옳은 것은?

> **보기**
>
> Invent

① 추적하다   ② 소개하다
③ 합격하다   ④ 지불하다
⑤ 발명하다

17 다음 중 〈보기〉의 뜻과 같은 영어 단어는?

> **보기**
>
> 구조물

① Coast   ② Cage
③ Portrait   ④ Space
⑤ Structure

18 다음 중 〈보기〉에 제시된 단어의 뜻으로 옳은 것은?

> **보기**
>
> Engine

① 바퀴   ② 경적
③ 엔진   ④ 시동
⑤ 주행

19 다음 중 〈보기〉에 제시된 자동차 부품의 명칭을 영어로 바르게 옮긴 것은?

> **보기**
>
> 보닛

① Bonnet   ② Bonet
③ Bonit   ④ Vonit
⑤ Vonnet

20 다음 중 자동차 부품의 한글 명칭과 영어 명칭이 바르게 연결된 것은?

① 중립기어 – Normal Gear　　　　② 클러치 – Clatch
③ 와이퍼 – Wifer　　　　　　　　④ 타이어 – Tire
⑤ 패들 시프트 – Pedal Shift

21 그림과 같이 질량이 다른 물체 A ~ C를 진공 상태에서 가만히 놓았다. 높이가 h로 같을 때, A ~ C가 지면에 도달하는 순간까지 걸리는 시간에 대한 설명으로 옳은 것은?

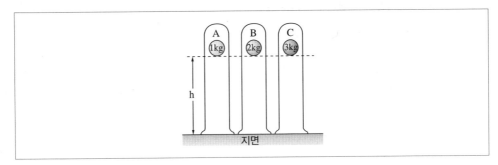

① A가 가장 짧다.　　　　　　　　② B가 가장 짧다.
③ C가 가장 짧다.　　　　　　　　④ 모두 같다.
⑤ 알 수 없다.

22 다음 그림과 같이 포물선 운동을 하고 있는 공의 운동 에너지가 가장 높은 곳은?(단, 공기 저항은 무시한다)

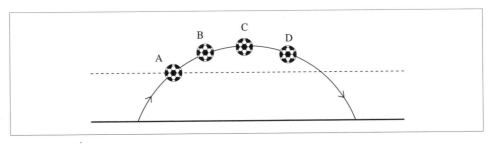

① A　　　　　　　　　　　　　　② B
③ C　　　　　　　　　　　　　　④ D
⑤ 모든 구간이 동일하다.

23 다음 그림과 같이 일정한 속력으로 운동하던 물체가 곡면을 따라 이동하였을 때, 옳은 것을 모두 고르면?(단, 물체와 접촉면과의 마찰은 무시한다)

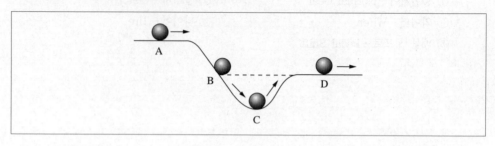

　㉠ A점에서의 역학적 에너지가 가장 크다.
　㉡ B점과 D점에서 위치 에너지는 같다.
　㉢ C점에서의 운동 에너지가 가장 크다.

① ㉠

② ㉡

③ ㉢

④ ㉡, ㉢

⑤ ㉠, ㉡, ㉢

24 다음 중 그림처럼 병따개를 사용할 때 그 원리에 대한 설명으로 옳은 것은?(단, a의 길이는 변화가 없고, 병따개의 무게는 무시한다)

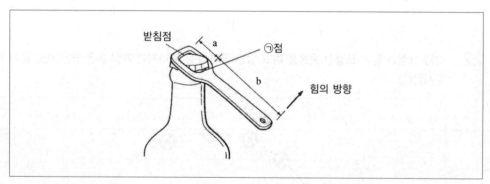

① ㉠점은 힘점이다.

② b가 길어질수록 힘이 더 든다.

③ b가 길어질수록 한 일의 양은 작아진다.

④ b가 짧아져도 한 일의 양에는 변함이 없다.

⑤ a가 b의 길이보다 작으면 ㉠점이 받침점이 된다.

25 다음 그림과 같은 전기 회로에서 스위치 S를 열면 전류계는 2.0A를 가리킨다. 스위치 S를 닫으면 전류계에 나타나는 전류의 세기는?

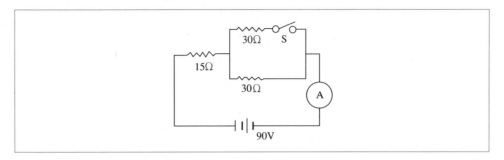

① 1A

② 2A

③ 3A

④ 4A

⑤ 5A

26 저항이 서로 다른 4개의 전구가 다음과 같이 연결되어 있을 때, 이 회로의 전체 저항은?

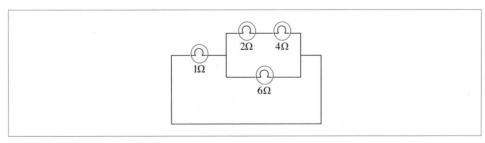

① 4Ω

② 5Ω

③ 6Ω

④ 7Ω

⑤ 8Ω

27 그림과 같이 2Ω의 저항 세 개를 연결하였을 때, 전체 합성저항은?

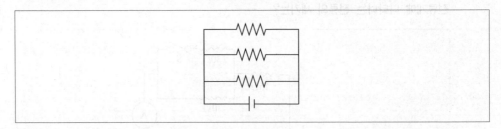

① 6Ω

② 3Ω

③ 2Ω

④ $\frac{4}{3}$ Ω

⑤ $\frac{2}{3}$ Ω

28 다음 설명에 해당하는 파동은?

• 매질이 없는 공간에서도 전파된다.
• 파장에 따라 전파, 가시광선, 적외선, X선 등으로 분류된다.

① 종파

② 지진파

③ 초음파

④ 전자기파

⑤ 횡파

29 다음 그림과 같이 추를 실로 묶어 천장에 매달았을 때, 지구가 추를 당기는 힘에 대한 반작용은?

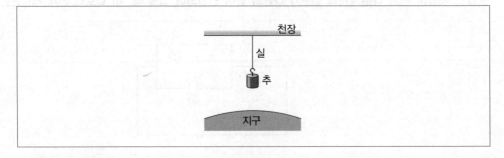

① 실이 추를 당기는 힘

② 실이 천장을 당기는 힘

③ 추가 실을 당기는 힘

④ 추가 지구를 당기는 힘

⑤ 천장이 추를 당기는 힘

30 질량이 다른 물체 A, B가 수평면 위에 정지해 있다. 두 물체에 힘(F)을 일정하게 작용할 때, A, B의 가속도를 각각 a_A, a_B라 하면 $a_A : a_B$는?(단, 마찰은 무시한다)

① 1 : 1

② 2 : 1

③ 3 : 1

④ 5 : 1

⑤ 1 : 2

31 냉각수 규정 용량이 15L인 라디에이터에 냉각수를 주입하였더니 12L가 주입되어 가득 찼다면, 라디에이터의 코어 막힘률은?

① 20%

② 25%

③ 30%

④ 35%

⑤ 40%

32 다음 중 내연기관 피스톤의 구비조건으로 옳지 않은 것은?

① 가벼울 것

② 열팽창이 적을 것

③ 열전도율이 낮을 것

④ 높은 온도와 폭발력에 견딜 것

⑤ 블로 바이 현상이 적을 것

33 다음 중 타이어의 구조에 해당되지 않는 것은?

① 트레드

② 브레이커

③ 카커스

④ 압력판

⑤ 튜브

34 다음 중 디젤기관과 비교한 가솔린기관의 장점으로 적절한 것은?

① 기관의 단위 출력당 중량이 가볍다.

② 열효율이 높다.

③ 대형화할 수 있다.

④ 연료 소비량이 적다.

⑤ 연소효율이 높다.

35 다음 중 용량과 전압이 같은 축전지 2개를 직렬로 연결할 때의 설명으로 옳은 것은?

① 용량은 축전지 2개와 같다.

② 전압이 2배로 증가한다.

③ 용량과 전압 모두 2배로 증가한다.

④ 용량과 전압 모두 절반으로 감소한다.

⑤ 용량은 2배로 증가하지만 전압은 같다.

36 전자제어 점화장치에서 점화시기를 제어하는 순서는?

① 각종 센서 – ECU – 파워 트랜지스터 – 점화코일

② 각종 센서 – ECU – 점화코일 – 파워 트랜지스터

③ 각종 센서 – 파워 트랜지스터 – ECU – 점화코일

④ 파워 트랜지스터 – 점화코일 – ECU – 각종센서

⑤ 파워 트랜지스터 – ECU – 각종센서 – 점화코일

37 다음 중 디스크 브레이크와 비교한 드럼 브레이크의 특성으로 옳은 것은?

① 페이드 현상이 잘 일어나지 않는다.

② 구조가 간단하다.

③ 브레이크의 편제동 현상이 적다.

④ 라이닝 슈의 수명이 짧다.

⑤ 자기작동 효과가 크다.

38 클러치 마찰면에 작용하는 압력이 300N, 클러치판의 지름이 80cm, 마찰계수 0.3일 때 기관의 전달회전력은 약 몇 N · m인가?

① 36N · m 　　　　　　② 46N · m

③ 56N · m 　　　　　　④ 62N · m

⑤ 72N · m

39 다음 그림은 버니어 캘리퍼스를 이용하여 나사의 직경을 측정한 결과이다. 이 나사의 직경은?(단, 화살표는 아들자와 어미자의 눈금이 일치하는 곳이다)

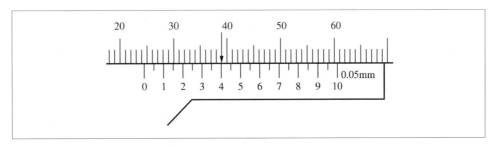

① 24.2mm 　　　　　　② 24.4mm

③ 34mm 　　　　　　④ 34.4mm

⑤ 39mm

40 다음 그림은 버니어 캘리퍼스를 이용하여 실린더 내경을 측정한 결과이다. 이 실린더의 내경은?
(단, 화살표는 아들자와 어미자의 눈금이 일치하는 곳이다)

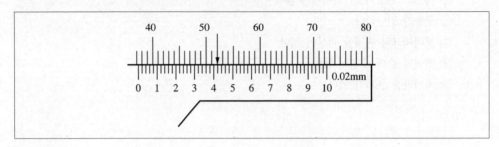

① 37mm
② 37.42mm
③ 42mm
④ 50.42mm
⑤ 52mm

제3회 실전모의고사

모바일 OMR
답안채점 / 성적분석
서비스

☑ 응시시간 : 30분   ☑ 문항 수 : 40문항   정답 및 해설 p.016

제3회

01 다음 중 제시된 글의 제목으로 가장 적절한 것은?

> 보건복지부에 따르면 현재 등록 장애인만 250만 명이 넘는다. 여기에 비등록 장애인까지 포함시킨다면 실제 장애인 수는 400만 명에 다다를 것으로 예상된다.
>
> 이들 가정은 경제적·사회적 어려움에 봉착해 있을 뿐만 아니라, 많은 장애인 자녀들이 부모의 돌봄 없이는 일상생활 유지가 어려운 상황인데, 특히 법적인 부분에서 훨씬 더 문제가 된다. 부모 사망 이후, 장애인 자녀가 상속인으로서 제대로 된 권리를 행사하기 어려울 뿐만 아니라, 본인도 모르게 유산 상속 포기 절차가 진행되는 경우가 이에 해당한다.
>
> 따라서 장애인 자녀의 부모들은 상속과정에서 자녀들이 부딪힐 문제들에 대해 더 꼼꼼하게 대비해야 할 필요성이 있는데, 이에 해당하는 내용을 크게 두 가지로 살펴볼 수 있다. 자녀의 생활 안정 및 유지를 위한 '장애인 신탁'과 상속 시의 세금혜택인 '장애인 보험금 비과세'가 그것이다.
>
> 먼저 장애인 신탁은 직계존비속이나 일정 범위 내 친족으로부터 재산을 증여받은 장애인이 증여세 신고기한 이내에 신탁회사에 증여받은 재산을 신탁하고, 그 신탁의 이익 전부에 대해 장애인이 수익자가 되면 재산가액 5억 원까지 증여세를 면제해주는 제도로 이를 통해 장애인은 생계유지와 안정적인 자산 이전을 받을 수 있다.
>
> 다음으로 수익자가 장애인 자녀인 보험에 가입한 경우 보험금의 4,000만 원까지는 상속세 및 증여세법에 의해 과세하지 않는다. 이는 후견인 등이 보험금을 가로챌 수 있는 여지를 차단하기 위해 중도 해지가 불가능하고 평생 동안 매월 연금으로 수령할 수 있는 종신형 연금보험을 선택하는 것이 장애인 자녀의 생활 안정에 유리할 것이다.

① 부모 사망 시 장애인 자녀의 유산 상속 과정
② 부모 사망 시 장애인 자녀가 받을 수 있는 혜택
③ 부모 사망 시 장애인 자녀가 직면한 사회적 문제
④ 부모 사망 시 장애인 자녀의 보험 및 증여세 혜택
⑤ 부모 사망 시 장애인 자녀의 생활안정 및 세금 혜택

02 다음 글에 대한 반론으로 가장 적절한 것은?

현대인은 타인의 고통을 주로 뉴스나 영화 등의 매체를 통해 경험한다. 타인의 고통을 직접 대면하는 경우와 비교할 때 그와 같은 간접 경험으로부터 연민을 갖기는 쉽지 않다. 더구나 현대 사회는 사적 영역을 침범하지 않도록 주문한다. 이런 존중의 문화는 타인의 고통에 대한 지나친 무관심으로 변질될 수 있다. 그래서인지 현대 사회는 소박한 연민조차 느끼지 못하는 불감증 환자들의 안락하지만 황량한 요양소가 되어 가고 있는 듯하다.

연민에 대한 정의는 시대와 문화, 지역에 따라 가지각색이지만, 다수의 학자들에 따르면 연민은 두 가지 조건이 충족될 때 생긴다. 먼저 타인의 고통이 그 자신의 잘못에서 비롯된 것이 아니라 우연히 닥친 비극이어야 한다. 다음으로 그 비극이 언제든 나를 엄습할 수도 있다고 생각해야 한다. 이런 조건에 비추어 볼 때 현대 사회에서 연민의 감정은 무뎌질 가능성이 높다. 현대인은 타인의 고통을 대부분 그 사람의 잘못된 행위에서 비롯된 필연적 결과로 보며, 자신은 그러한 불행을 예방할 수 있다고 생각하기 때문이다.

① 교통과 통신이 발달하면서 현대인들은 이전에 몰랐던 사람들의 불행까지도 의식할 수 있게 되었다.
② 직접적인 경험이 간접적인 경험보다 연민의 감정이 쉽게 생긴다.
③ 현대인들은 자신의 사적 영역을 존중받길 원한다.
④ 연민이 충족되기 위해선 타인의 고통이 자신의 잘못에서 비롯된 것이어야 한다.
⑤ 사람들은 비극이 나에게도 일어날 수 있다고 생각할 때 연민을 느낀다.

다음 글을 바탕으로 한 추론으로 항상 옳은 것을 〈보기〉에서 모두 고르면?

우리는 사람의 인상에 대해서 "선하게 생겼다." 또는 "독하게 생겼다."라는 판단을 할 뿐만 아니라 사람의 인상을 중요시한다. 오래 전부터 사람의 얼굴을 보고 그 사람의 길흉을 판단하는 관상의 원리가 있었다. 관상의 원리를 어떻게 받아들여야 할까?

관상의 원리가 받아들일 만하다면, 얼굴이 검붉은 사람은 육체적 고생을 하기 마련이다. 그런데 우리는 주위에서 얼굴이 검붉지만 육체적 고생을 하지 않고 편하게 살아가는 사람을 얼마든지 볼 수 있다. 관상의 원리가 받아들일 만하다면, 우리가 사람의 얼굴에 대해서 갖는 인상이란 한갓 선입견에 불과한 것이 아니다. 사람의 인상이 평생에 걸쳐 고정되어 있다고 할 수 있는 경우에만 관상의 원리는 받아들일 만하다. 또한 관상의 원리가 받아들일 만하지 않다면, 관상의 원리에 대한 과학적 근거를 찾으려는 노력은 헛된 것이다. 실제로 많은 사람들이 관상의 원리가 과학적 근거를 가질 것이라고 기대한다. 그런데 우리는 자주 관상가의 판단이 받아들일 만하다고 느끼고, 그런 느낌 때문에 관상의 원리가 과학적 근거를 가질 것이라고 기대하는 것이다. 관상의 원리가 실제로 과학적 근거를 갖는지의 여부는 논외로 하더라도, 관상의 원리에 대하여 과학적 근거가 있을 것이라고 기대하는 사람은 관상의 원리에 의존하는 것이 우리의 삶에 위안을 주는 필요조건 중의 하나라고 믿는다.

> **보기**
>
> ㄱ. 관상의 원리는 받아들일 만한 것이 아니다.
> ㄴ. 우리가 사람의 얼굴에 대해서 갖는 인상이란 선입견에 불과하다.
> ㄷ. 관상의 원리에 대한 과학적 근거를 찾으려는 노력은 헛된 것이다.

① ㄱ
② ㄴ
③ ㄱ, ㄴ
④ ㄱ, ㄷ
⑤ ㄴ, ㄷ

04 다음 빈칸에 들어갈 문장으로 가장 적절한 것은?

> 우리의 생각과 판단은 언어에 의해 결정되는가 아니면 경험에 의해 결정되는가? 언어결정론자들은 우리의 생각과 판단이 언어를 반영하고 있고 실제로 언어에 의해 결정된다고 주장한다. 언어결정론자들의 주장에 따르면 에스키모인들은 눈에 관한 다양한 언어 표현을 갖고 있어서 눈이 올 때 우리가 미처 파악하지 못한 미묘한 차이점들을 찾아낼 수 있다. 또 언어결정론자들은 '노랗다', '샛노랗다', '누르스름하다' 등 노랑에 대한 다양한 우리말 표현들이 있어서 노란색들의 미묘한 차이가 구분되고 그 덕분에 색에 관한 우리의 인지 능력이 다른 언어 사용자들보다 뛰어나다고 본다. 이렇듯 언어결정론자들은 사용하는 언어에 의해서 우리의 사고 능력이 결정된다고 본다.
> 정말 그럴까? 모든 색은 명도와 채도에 따라 구성된 스펙트럼 속에 놓이고, 각각의 색은 여러 언어로 표현될 수 있다. 이러한 사실에 비추어보면 우리말이 다른 언어에 비해 보다 풍부한 표현을 갖고 있다고 볼 수 없다. 나아가 _____ 따라서 우리의 생각과 판단은 언어가 아닌 경험에 의해 결정된다고 보는 쪽이 더 설득력이 있다.

① 개개인의 언어습득능력과 속도는 모두 다르기 때문에 인지능력에 대한 언어의 영향도 제각기 다르다.

② 경험이 언어에 미치는 영향과 경험이 언어에 미치는 영향을 계량화하여 비교하기는 곤란한 일이다.

③ 어떤 것을 가리키는 단어가 있을 때에만 우리는 그 단어에 대하여 사고할 수 있다.

④ 더 풍부한 표현을 가진 언어를 사용함에도 불구하고 인지능력이 뛰어나지 못한 경우들도 있다.

⑤ 언어나 경험 말고도 우리의 인지능력을 결정하는 요인들이 더 존재할 가능성이 있다.

※ 다음 명제가 모두 참일 때, 반드시 참인 명제를 고르시오. [5~6]

05

> • 테니스를 좋아하는 사람은 가족 여행을 싫어한다.
> • 가족 여행을 좋아하는 사람은 독서를 좋아한다.
> • 독서를 좋아하는 사람은 쇼핑을 싫어한다.
> • 쇼핑을 좋아하는 사람은 그림 그리기를 좋아한다.
> • 그림 그리기를 좋아하는 사람은 테니스를 좋아한다.

① 그림 그리기를 좋아하는 사람은 가족 여행을 좋아한다.

② 쇼핑을 싫어하는 사람은 그림 그리기를 좋아한다.

③ 테니스를 좋아하는 사람은 독서를 좋아한다.

④ 쇼핑을 좋아하는 사람은 가족 여행을 싫어한다.

⑤ 쇼핑을 싫어하는 사람은 테니스를 좋아한다.

06

> • 도보로 걷는 사람은 자가용을 타지 않는다.
> • 자전거를 타는 사람은 자가용을 탄다.
> • 자전거를 타지 않는 사람은 버스를 탄다.

① 자가용을 타는 사람은 도보로 걷는다.

② 버스를 타지 않는 사람은 자전거를 타지 않는다.

③ 버스를 타는 사람은 도보로 걷는다.

④ 도보로 걷는 사람은 버스를 탄다.

⑤ 도보로 걷는 사람은 자전거를 탄다.

07 홍보부서 사원들이 긴 의자에 나눠 앉으려고 한다. 한 의자에 4명씩 앉으면 하나의 의자에는 1명이 앉고, 마지막 의자 하나가 남는다. 또한, 한 의자에 3명씩 앉으면 2명이 앉지 못할 때, 홍보부서 사원의 총 인원은?

① 23명

② 25명

③ 29명

④ 33명

⑤ 36명

08 주머니 속에 빨간 구슬, 흰 구슬이 섞여 15개 들어 있다. 이 주머니에서 2개를 꺼내보고 다시 넣는 일을 여러 번 반복하였더니, 5회에 1번 꼴로 2개 모두 빨간 구슬이었다. 이 주머니에서 구슬을 하나 뽑을 때 빨간 구슬일 확률은?

① $\dfrac{1}{15}$

② $\dfrac{4}{15}$

③ $\dfrac{7}{15}$

④ $\dfrac{11}{15}$

⑤ $\dfrac{13}{15}$

09 세 개의 분수 $\dfrac{35}{51}$, $\dfrac{7}{34}$, $\dfrac{91}{17}$ 중 어느 것을 택하여 곱해도 자연수가 되게 하는 분수 $\dfrac{b}{a}$ 가 있다. $\dfrac{b}{a}$ 가 가장 작은 수일 때, $a+b$의 값은?

① 107 ② 109

③ 115 ④ 116

⑤ 120

10 A사원은 퇴근 후 취미생활로 목재공방에서 직육면체 모양의 정리함을 만드는 수업을 수강한다. 완성될 정리함의 크기는 가로 28cm이고, 세로 길이와 높이의 합은 27cm이다. 부피가 $5,040\text{cm}^3$ 일 때, 정리함의 세로 길이는?(단, 높이가 세로 길이보다 길다)

① 12cm ② 13cm

③ 14cm ④ 15cm

⑤ 16cm

11 할아버지와 할머니, 아버지와 어머니, 그리고 3명의 자녀로 이루어진 가족이 있다. 이 가족이 일렬로 서서 가족사진을 찍으려고 한다. 할아버지가 맨 앞, 할머니가 맨 뒤에 위치할 때, 가능한 경우의 수는?

① 120가지 ② 125가지

③ 130가지 ④ 135가지

⑤ 140가지

12 매일의 날씨 자료를 수집 및 분석한 결과, 전날의 날씨를 기준으로 그 다음 날의 날씨가 변할 확률은 다음과 같았다. 만약 내일 날씨가 화창하다면, 사흘 뒤에 비가 올 확률은?

전날 날씨	다음 날 날씨	확률
화창	화창	25%
화창	비	30%
비	화창	40%
비	비	15%

※ 날씨는 '화창'과 '비'로만 구분하여 분석함

① 12% ② 14%

③ 15% ④ 11%

⑤ 10%

13 다음 중 제시된 도형과 같은 것은?(단, 도형은 회전이 가능하다)

①

②

③

④

⑤

※ 다음 중 나머지 도형과 다른 것을 고르시오. [14~15]

14 ①

②

③

④

⑤

15

① ②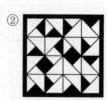

③ ④

⑤

16 다음 중 〈보기〉에 제시된 단어의 뜻으로 옳은 것은?

> 보기
>
> Behavior

① 사회   ② 배경
③ 행동   ④ 목적
⑤ 능력

17 다음 중 〈보기〉의 뜻과 같은 영어 단어는?

> 보기
>
> 교체하다

① Complain   ② Recognize
③ Replace   ④ Determine
⑤ Repeat

18 다음 중 〈보기〉에 제시된 단어가 뜻하는 것은?

> **보기**
>
> Passenger Seat

① 운전석   ② 조수석

③ 뒷좌석   ④ 안전벨트

⑤ 동승자

19 다음 중 〈보기〉에 제시된 자동차 부품의 명칭을 영어로 바르게 옮긴 것은?

> **보기**
>
> 루프

① Louf   ② Ruff

③ Rupe   ④ Roof

⑤ Loof

20 다음 중 자동차 부품의 한글 명칭과 영어 명칭이 바르게 연결된 것은?

① 머플러 – Muppler

② 좌석 – Seat

③ 펜더 – Fander

④ 후사경 – Back Mirror

⑤ 변속기 – Speed Shift

21 질량 2kg인 물체를 마찰이 없는 수평면 위에 놓고, 수평 방향으로 일정한 힘을 작용하였다. 이 물체의 가속도가 $2m/s^2$일 때, 작용한 힘의 크기는?

① 1N
② 2N
③ 3N
④ 4N
⑤ 5N

22 벽에 용수철을 매달고 손으로 잡아당겨 보았다. 4N의 힘으로 용수철을 당겼을 때, 5cm만큼 늘어났다고 한다. 용수철이 8cm가 늘어났다고 한다면 용수철에 가해진 힘은?

① 1.6N
② 2.4N
③ 3.2N
④ 4.8N
⑤ 6.4N

23 다음 열기관 1회 순환 과정에서 두 열기관 (가)와 (나)의 열효율이 같을 때, ㉠에 들어갈 것으로 적절한 것은?

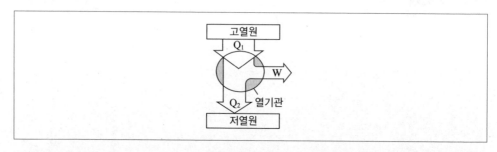

열기관	(가)	(나)
흡수한 열(Q_1)	100J	50J
방출한 열(Q_2)	80J	40J
한 일(W)	20J	㉠

① 5J
② 10J
③ 20J
④ 25J
⑤ 30J

24 그래프는 마찰이 없는 수평면에서 세 물체 A ~ C에 같은 크기의 힘을 가할 때, 시간에 따른 속도 변화를 나타낸 것이다. 다음 중 질량이 가장 큰 것은?

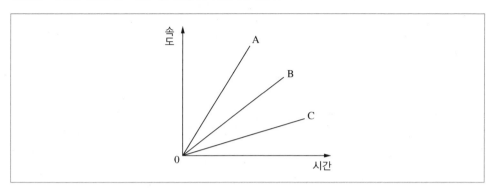

① A
② B
③ C
④ 모두 같다.
⑤ 알 수 없다.

25 그림과 같이 크기는 같고 질량이 다른 물체 A ~ C를 같은 높이 h에서 가만히 놓았을 때, 바닥에 도달하는 순간 운동에너지가 가장 큰 것은?(단, 모든 저항은 무시한다)

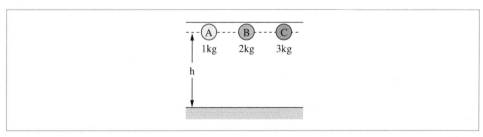

① A
② B
③ C
④ A, B
⑤ 모두 같다.

26 그림은 (가)에서 (나)로 공이 운동한 경로를 나타낸 것이다. 구간 A ~ D 중 위치에너지가 운동에너지로 전환된 곳은?(단, 공기 저항과 마찰은 무시한다)

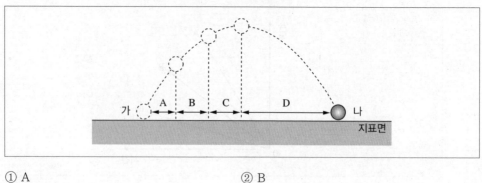

① A   ② B

③ C   ④ D

⑤ 변화 없음

27 수평면 위에 놓인 물체에 수평 방향으로 8N의 힘을 가하였을 때, 가속도의 크기가 $2m/s^2$이었다. 이 물체의 질량은?(단, 마찰과 공기 저항은 무시한다)

① 1kg   ② 2kg

③ 4kg   ④ 8kg

⑤ 16kg

28 다음 그림과 같은 전기 회로에서 저항 30Ω에 4A의 전류가 흐를 때, 저항 20Ω에 흐르는 전류의 세기는?

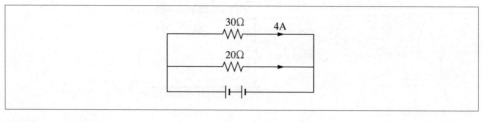

① 3A   ② 4A

③ 6A   ④ 12A

⑤ 15A

29 저항 5Ω에 10V의 전압이 걸릴 경우 회로에 흐르는 전류의 세기는?

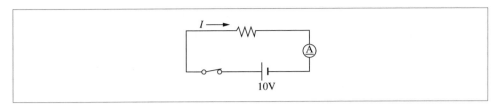

① 2A   ② 5A

③ 10A   ④ 20A

⑤ 50A

30 다음과 같이 직렬과 병렬이 모두 있는 회로에서 (A)의 저항은?

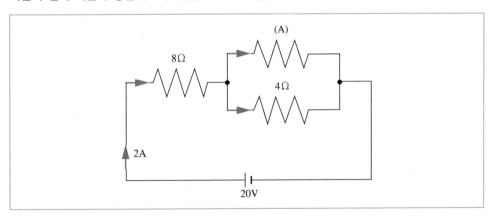

① 2Ω   ② 4Ω

③ 6Ω   ④ 8Ω

⑤ 10Ω

31 1PS로 1시간 동안 하는 일량을 열량 단위로 변환한 것은?

① 약 432.71kcal   ② 약 532.58kcal

③ 약 635.04kcal   ④ 약 732.22kcal

⑤ 약 768.29kcal

32 어떤 전조등 광원의 광도가 20,000cd일 때, 광원으로부터 20m 떨어진 곳에서의 조도는?

① 50lx

② 100lx

③ 150lx

④ 200lx

⑤ 250lx

33 100PS의 엔진이 적합한 기구를 통하여 2,500kg$_f$의 무게를 3m 들어 올릴 때 걸리는 시간은?(단, 마찰은 무시한다)

① 1초

② 5초

③ 10초

④ 15초

⑤ 20초

34 연소실체적이 40cc이고, 총배기량이 1,280cc인 4기통 기관의 압축비는?

① 6 : 1

② 9 : 1

③ 18 : 1

④ 24 : 1

⑤ 33 : 1

35 다음 중 어떤 기준 전압 이상이 되면 역방향으로 큰 전류가 흐르게 되는 반도체는?

① PNP형 트랜지스터

② NPN형 트랜지스터

③ 포토 다이오드

④ 제너 다이오드

⑤ 서미스터

36 다음 중 동력 조향장치 고장 시 핸들을 수동으로 조작할 수 있도록 하는 것은?

① 오일펌프

② 파워 실린더

③ 안전 체크 밸브

④ 시프트 레버

⑤ 토션바

37 다음 중 일반적인 브레이크 오일의 주성분은?

① 프로필렌글리콜과 경유

② 에틸렌글리콜과 피마자유

③ 에틸렌글리콜과 니트로글리콜

④ 경유와 피마자유

⑤ 휘발유와 피마자유

38 다음 그림은 버니어 캘리퍼스를 이용하여 나사의 길이를 측정한 결과이다. 이 나사의 길이는?(단, 화살표는 아들자와 어미자의 눈금이 일치하는 곳이다)

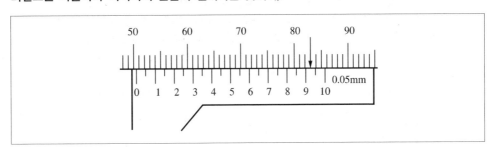

① 50.45mm

② 50.5mm

③ 50.9mm

④ 51mm

⑤ 51.5mm

39 다음 중 전자제어 제동장치(ABS)에서 바퀴가 고정(잠김)되는 것을 검출하는 것은?

① 브레이크 드럼

② 하이드롤릭 유닛

③ 휠 스피드센서

④ ABS - E.C.U

⑤ 크랭크 각속도 센서

40 다음 중 계기판의 충전 경고등의 점등 시기는?

① 배터리 전압이 10.5V 이하일 때

② 알터네이터에서 충전이 안 될 때

③ 알터네이터에서 충전되는 전압이 높을 때

④ 배터리 전압이 14.7V 이상일 때

⑤ 배터리 전압의 변동이 지속될 때

제4회 실전모의고사

모바일 OMR
답안채점 / 성적분석
서비스

☑ 응시시간 : 30분   ☑ 문항 수 : 40문항

정답 및 해설 p.023

01 다음 글의 주제로 가장 적절한 것은?

> 높은 휘발유세는 자동차를 사용함으로써 발생하는 다음과 같은 문제들을 줄이는 교정적 역할을 수행한다. 첫째, 휘발유세는 사람들의 대중교통수단 이용을 유도하고, 자가용 사용을 억제함으로써 교통 혼잡을 줄여준다. 둘째, 교통사고 발생 시 대형 차량이나 승합차가 중소형 차량에 비해 보다 치명적인 피해를 줄 가능성이 높다. 이와 관련해서 휘발유세는 휘발유를 많이 소비하는 대형 차량을 운행하는 사람에게 보다 높은 비용을 치르게 함으로써 교통사고 위험에 대한 간접적인 비용을 징수하는 효과를 가진다. 셋째, 휘발유세는 휘발유 소비를 억제함으로써 대기오염을 줄이는 데 기여한다.

① 휘발유세의 용도
② 높은 휘발유세의 정당성
③ 휘발유세의 지속적 인상
④ 에너지 소비 절약
⑤ 휘발유세의 감소 원인

02 다음 글을 통해 알 수 있는 내용으로 옳지 않은 것은?

> 사물인터넷이 산업 현장에 적용되고, 디지털 관련 도구가 통합됨에 따라 일관된 전력 시스템의 필요성이 높아지고 있다. 다양한 산업시설 및 업무 현장에서의 예기치 못한 정전이나 낙뢰 등 급격한 전원 환경의 변화는 큰 손실과 피해로 이어질 수 있다. 이제 전원 보호는 데이터센터뿐만 아니라 반도체, 석유, 화학 및 기계 등 모든 분야에서 필수적인 존재가 되었다.
> UPS(Uninterruptible Power Supply : 무정전 전원 장치)는 일종의 전원 저장소로, 갑작스럽게 정전이 발생하더라도 전원이 끊기지 않고 계속해서 공급되도록 하는 장치이다. 갑작스러운 전원 환경의 변화로부터 기업의 핵심 인프라인 서버를 보호함으로써 기업의 연속성 유지에 도움을 준다. UPS를 구매할 때는 용량을 우선적으로 고려해야 한다. 너무 적은 용량의 UPS를 구입하면 용량이 초과되어 제대로 작동조차 하지 않는 상황이 나타날 수 있다. 따라서 설비에 필요한 용량의 1.5배 정도인 UPS를 구입해야 한다.
> 또한 UPS 사용 시에는 주기적인 점검이 필요하다. 특히 실질적으로 에너지를 저장하고 있는 배터리는 일정 시점마다 교체가 필요하다. 일반적으로 UPS에 사용되는 MF배터리의 수명은 1년 정도로, 납산배터리 특성상 방전 사이클을 돌 때마다 용량이 급감하기 때문이다.

① UPS의 필요성
② UPS의 역할
③ UPS 구매 시 고려사항
④ UPS 배터리 교체 주기
⑤ UPS 배터리 교체 방법

03 다음 문장들을 논리적 순서대로 바르게 나열한 것은?

> (가) 예후가 좋지 못한 암으로 여겨져 왔던 식도암도 정기적 내시경검사로 조기에 발견하여 수술 등 적절한 치료를 받을 경우 치료 성공률을 높일 수 있는 것으로 밝혀졌다.
>
> (나) 이처럼 조기에 발견해 수술을 받을수록 치료 효과가 높음에도 불구하고 실제로 H병원에서 식도암 수술을 받은 환자 중 초기에 수술을 받은 환자는 25%에 불과했으며, 어느 정도 식도암이 진행된 경우 60%가 수술을 받은 것으로 조사됐다.
>
> (다) 식도암을 치료하기 위해서는 50세 이상의 남자라면 매년 정기적으로 내시경검사, 식도조영술, CT 촬영 등 검사를 통해 식도암을 조기에 발견하는 것이 중요하다.
>
> (라) 서구화된 식습관으로 인해 식도암은 남성 중 6번째로 많이 발생하고 있으며, 전체 인구 10만 명당 3명이 사망하는 것으로 나타났다.
>
> (마) H병원 교수팀이 식도암 진단 후 수술을 받은 808명을 대상으로 추적 조사한 결과, 발견 당시 초기에 치료할 경우 생존율이 높았지만, 반대로 말기에 치료할 경우 치료 성공률과 생존율 모두 크게 떨어지는 것으로 나타났다고 밝혔다.

① (다) – (라) – (나) – (마) – (가)
② (다) – (나) – (라) – (마) – (가)
③ (라) – (가) – (마) – (나) – (다)
④ (라) – (다) – (마) – (나) – (가)
⑤ (가) – (나) – (다) – (라) – (마)

04 다음 글에서 〈보기〉의 문장이 들어갈 위치로 가장 적절한 곳은?

> 밥상에 오르는 곡물이나 채소가 국내산이라고 하면 보통 그 종자도 우리나라의 것으로 생각하기 쉽다. (가) 하지만 실상은 벼, 보리, 배추 등을 제외한 많은 작물의 종자를 수입하고 있어 그 자급률이 매우 낮다고 한다. (나) 또한 청양고추 종자는 우리나라에서 개발했음에도 현재는 외국 기업이 그 소유권을 가지고 있다. (다) 국내 채소 종자 시장의 경우 종자 매출액의 50%가량을 외국 기업이 차지하고 있다는 조사 결과도 있다. (라) 이런 상황이 지속될 경우, 우리 종자를 심고 키우기 어려워질 것이고 종자를 수입하거나 로열티를 지급하는 데 지금보다 훨씬 많은 비용이 들어가는 상황도 발생할 수 있다. (마) 또한 전문가들은 세계 인구의 지속적인 증가와 기상 이변 등으로 곡물 수급이 불안정하고, 국제 곡물 가격이 상승하는 상황을 고려할 때, 결국에는 종자 문제가 식량 안보에 위협 요인으로 작용할 수 있다고 지적한다.

보기

양파, 토마토, 배 등의 종자 자급률은 약 16%, 포도는 약 1%에 불과하다.

① (가) ② (나)
③ (다) ④ (라)
⑤ (마)

05 다음 명제가 모두 참일 때, 반드시 참인 명제는?

- 갑과 을 앞에 감자칩, 쿠키, 비스킷이 놓여 있다.
- 세 가지의 과자 중에는 각자 좋아하는 과자가 반드시 있다.
- 갑은 감자칩과 쿠키를 싫어한다.
- 을이 좋아하는 과자는 갑이 싫어하는 과자이다.

---

① 갑은 좋아하는 과자가 없다.

② 갑은 비스킷을 싫어한다.

③ 을은 비스킷을 싫어한다.

④ 갑과 을이 같이 좋아하는 과자가 있다.

⑤ 갑과 을이 같이 싫어하는 과자가 있다.

06 H사에서는 사내 직원들의 친목 도모를 위해 산악회를 운영하고 있다. A ~ D 중 최소 1명 이상이 산악회 회원이라고 할 때, 다음 내용에 따라 항상 참인 것은?

- C가 산악회 회원이면 D도 산악회 회원이다.
- A가 산악회 회원이면 D는 산악회 회원이 아니다.
- D가 산악회 회원이 아니면 B가 산악회 회원이 아니거나 C가 산악회 회원이다.
- D가 산악회 회원이면 B는 산악회 회원이고 C도 산악회 회원이다.

---

① A는 산악회 회원이다.

② B는 산악회 회원이 아니다.

③ C는 산악회 회원이 아니다.

④ B와 D의 산악회 회원 여부는 같다.

⑤ A ~ D 중 산악회 회원은 2명이다.

07 A가 혼자 컴퓨터 조립을 하면 2시간이 걸리고, B 혼자 컴퓨터 조립을 하면 3시간이 걸린다. 먼저 A가 혼자 컴퓨터를 조립하다가 중간에 일이 생겨 나머지를 B가 완성했는데, 걸린 시간은 총 2시간 15분이었다. A 혼자 일한 시간은?

① 1시간 25분   ② 1시간 30분

③ 1시간 35분   ④ 1시간 40분

⑤ 1시간 45분

08 H대학교 D건물 앞에는 의자 6개가 나란히 설치되어 있다. 여학생 2명과 남학생 3명이 모두 의자에 앉을 때, 여학생이 이웃하지 않게 앉는 경우의 수는?(단, 두 학생 사이에 빈 의자가 있는 경우는 이웃하지 않는 것으로 한다)

① 120가지   ② 240가지

③ 360가지   ④ 480가지

⑤ 600가지

09 1L 물통을 가득 채우는 데 수도 A는 15분, 수도 B는 20분이 걸린다고 한다. 수도 A, B를 동시에 사용해 30분 동안 물을 받을 때, 채울 수 있는 물통의 개수는?

① 1개   ② 2개

③ 3개   ④ 4개

⑤ 5개

10 세 개의 톱니바퀴 A ~ C가 서로 맞물려 회전하고 있을 때, A바퀴가 1분에 5회전할 때 C바퀴가 1분에 회전하는 수는?(단, 각 바퀴의 반지름은 A＝14cm, B＝9cm, C＝7cm이다)

① 7회전   ② 8회전

③ 9회전   ④ 10회전

⑤ 11회전

11 물건의 정가에서 20%를 할인한 후 3,000원을 뺀 가격과 정가에서 50%를 할인한 가격이 같았다면, 이 물건의 정가는?

① 10,000원   ② 15,000원

③ 20,000원   ④ 25,000원

⑤ 30,000원

12 다음은 A가 1월부터 4월까지 지출한 외식비이다. 1월부터 5월까지의 평균 외식비가 120,000원 이상 130,000원 이하가 되게 하려고 할 때, A가 5월에 최대로 사용할 수 있는 외식비는?

〈월별 외식비〉

(단위 : 원)

1월	2월	3월	4월	5월
110,000	180,000	50,000	120,000	

① 14만 원
② 15만 원
③ 18만 원
④ 19만 원
⑤ 22만 원

13 다음 도형을 시계 방향으로 270° 회전한 후, 시계 반대 방향으로 45° 회전했을 때의 모양은?

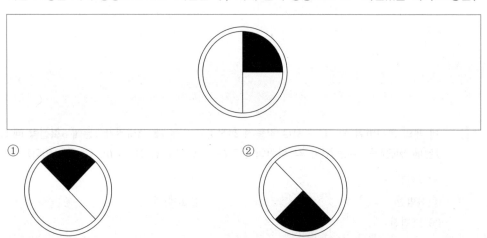

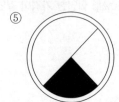

14 다음 중 나머지 도형과 다른 것은?

①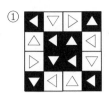

②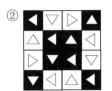

③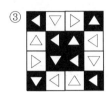

④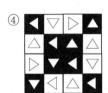

⑤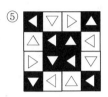

15 다음 블록의 개수는?(단, 보이지 않는 곳의 블록은 있다고 가정한다)

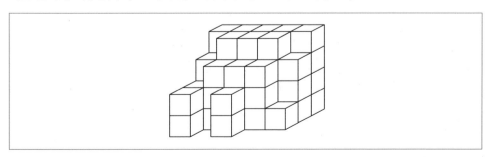

① 50개

② 52개

③ 54개

④ 56개

⑤ 58개

16 다음 중 〈보기〉의 뜻과 같은 영어 단어는?

> **보기**
>
> 고치다

① Spread　　　　　　　　② Fix

③ Prevent　　　　　　　 ④ Pour

⑤ Provide

17 다음 중 〈보기〉의 단어와 가장 관련이 없는 영어 단어는?

> **보기**
>
> Restaurant

① Cashier　　　　　　　 ② Waiter

③ Reservation　　　　　 ④ Chef

⑤ Station

18 다음 중 〈보기〉에 제시된 자동차 부품의 명칭을 영어로 바르게 옮긴 것은?

> **보기**
>
> 자동차 배터리

① Baatery　　　　　　　 ② Fuel Cell

③ Charger　　　　　　　 ④ Bettery

⑤ Battery

19 다음 〈보기〉는 수동변속 자동차의 운전석 페달을 나타낸 그림이다. (A)의 정확한 영어 명칭은?

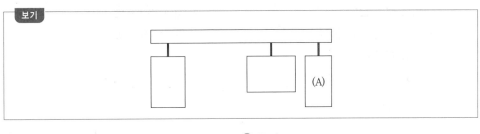

① Clutch
② Brake
③ Break
④ Accelator
⑤ Accelerator

20 다음 〈보기〉는 자동변속 자동차의 변속기와 변속기 레버를 표현한 그림이다. 현재 연결된 기어의 영문 명칭으로 옳은 것은?

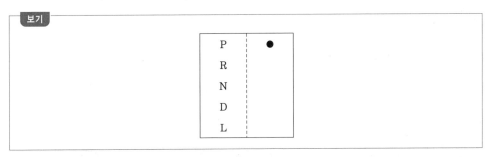

① Posting
② Parking
③ Pausing
④ Plating
⑤ Putting

21 열량이 30Ah인 전지를 2A의 전류로 사용할 수 있는 시간은?

① 3시간
② 7시간
③ 15시간
④ 30시간
⑤ 32시간

22 다음 중 주로 정전압 다이오드로 사용되는 것은?

① 터널 다이오드   ② 제너 다이오드

③ 쇼트키 베리어 다이오드   ④ 바렉터 다이오드

⑤ 감압 다이오드

23 그림은 마찰이 없는 수평면에서 크기가 다른 두 힘이 한 물체에 작용하고 있는 것을 나타낸 것이다. 이 물체의 가속도 크기는?

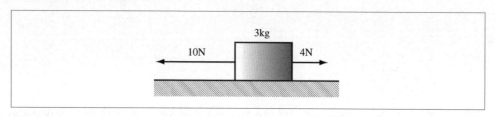

① 1m/s^2 ② 2m/s^2

③ 3m/s^2 ④ 4m/s^2

⑤ 5m/s^2

24 다음 중 자기장을 변화시켜 전류가 유도되는 원리를 이용하지 않는 것은?

① 발전기   ② 고정 도르래

③ 금속 탐지기   ④ 도난 경보기

⑤ 변압기

25 다음 중 정보를 재생할 때 레이저 빛을 이용하는 것은?

① CD   ② 건전지

③ 마이크   ④ 자기 테이프

⑤ 스피커

26 광통신에 대한 설명으로 옳은 것만을 〈보기〉에서 모두 고르면?

> **보기**
> ㄱ. 무선 통신이다.
> ㄴ. 광섬유를 사용한다.
> ㄷ. 전반사의 원리를 이용한다.

① ㄱ   ② ㄷ

③ ㄱ, ㄴ   ④ ㄴ, ㄷ

⑤ ㄱ, ㄴ, ㄷ

27 그림은 고열원에서 100J의 열을 흡수하여 일(W)을 하고, 저열원으로 80J의 열기관을 나타낸 것이다. 이 열기관의 열효율은?

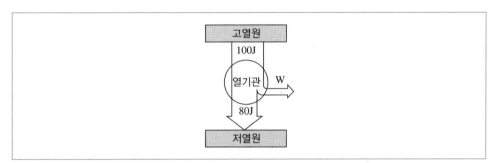

① 20%   ② 30%

③ 40%   ④ 50%

⑤ 80%

28 100V, 60W의 전구에 흐르는 전류 I와 그 저항 R을 구하면?

① 0.2A, 약 167Ω   ② 0.5A, 약 150Ω

③ 0.6A, 약 167Ω   ④ 1.2A, 약 175Ω

⑤ 1.5A, 약 175Ω

29 0.5Ω의 컨덕턴스를 가진 저항체에 6A의 전류를 흘리기 위해 가해야 하는 전압의 세기는?

① 3V   ② 10V

③ 12V   ④ 15V

⑤ 30V

30 다음 중 전선과 기구 단자 접속 시 나사를 덜 죄었을 경우 발생할 수 있는 위험과 거리가 먼 것은?

① 누전
② 화재 위험
③ 과열 발생
④ 아크(Arc) 발생
⑤ 저항 감소

31 20km/h로 주행하는 차가 급가속하여 10초 후에 56km/h가 되었을 때, 가속도는?

① $1m/s^2$
② $2m/s^2$
③ $5m/s^2$
④ $8m/s^2$
⑤ $10m/s^2$

32 기관 작동 중 냉각수의 온도가 83℃를 나타낼 때, 절대온도는?

① 약 563K
② 약 456K
③ 약 432K
④ 약 380K
⑤ 약 356K

33 사이드 슬립 테스터의 지시값이 4m/km일 때, 다음 중 1km 주행에 대한 앞바퀴의 슬립량은?

① 4mm
② 4cm
③ 40cm
④ 4m
⑤ 40m

34 다음 중 가솔린엔진의 작동 온도가 낮을 때와 혼합비가 희박하여 실화되는 경우 증가하는 유해 배출 가스는?

① 산소(O_2)
② 탄화수소(HC)
③ 질소산화물(NO_X)
④ 이산화탄소(CO_2)
⑤ 오존(O_3)

35 다음 중 가솔린 연료분사기관의 인젝터 (−)단자에서 측정한 인젝터 분사파형이 파워트랜지스터가 Off 되는 순간 솔레노이드 코일에 급격하게 전류가 차단되어 큰 역기전력이 발생하는 현상은?

① 평균전압   ② 전압강하
③ 평균유효전압   ④ 서지전압
⑤ 최소전압

36 다음 중 뒤 현가방식의 독립 현가식 중 세미 트레일링 암(Semi-trailing Arm) 방식의 단점으로 옳지 않은 것은?

① 공차 시와 승차 시 캠버가 변한다.
② 종감속기어가 현가 암 위에 고정되어 그 진동이 현가장치로 전달되므로 차단할 필요성이 있다.
③ 구조가 복잡하다.
④ 가격이 비싸다.
⑤ 차실 바닥이 낮아진다.

37 유압식 제동장치에서 내경이 2cm인 마스터 실린더의 푸시로드에 100kg_f의 힘이 작용할 때 브레이크 파이프에 작용하는 압력의 크기는?

① 약 $32\text{kg}_f/\text{cm}^2$ ② 약 $25\text{kg}_f/\text{cm}^2$
③ 약 $10\text{kg}_f/\text{cm}^2$ ④ 약 $5\text{kg}_f/\text{cm}^2$
⑤ 약 $2\text{kg}_f/\text{cm}^2$

38 우측으로 조향을 하고자 할 때 앞바퀴의 내측 조향각이 45°, 외측 조향각이 42°이고 축간거리는 1.5m, 킹핀과 바퀴 접지면까지 거리가 0.3m일 경우 최소회전반경은?(단, sin30°＝0.5, sin42°＝0.67, sin45°＝0.71)

① 약 2.41m   ② 약 2.54m
③ 약 3.30m   ④ 약 5.21m
⑤ 약 6.12m

39 다음 중 현가장치가 갖추어야 할 조건으로 옳지 않은 것은?

① 승차감의 향상을 위해 상하 움직임에 적당한 유연성이 있어야 한다.

② 원심력이 발생되어야 한다.

③ 주행 안정성이 있어야 한다.

④ 구동력 및 제동력 발생 시 적당한 강성이 있어야 한다.

⑤ 차체에 발생하는 진동이 운전자에게 전달되지 않아야 한다.

40 다음 그림은 버니어 캘리퍼스를 이용하여 실린더 외벽의 두께를 측정한 결과이다. 이 실린더 외벽의 두께는?(단, 화살표는 아들자와 어미자의 눈금이 일치하는 곳이다)

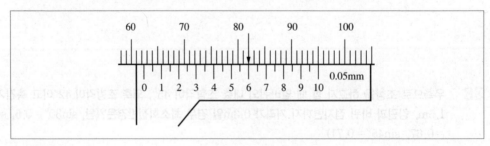

① 62mm

② 62.3mm

③ 62.6mm

④ 63.6mm

⑤ 66mm

제5회 실전모의고사

모바일 OMR
답안채점 / 성적분석
서비스

☑ 응시시간 : 30분   ☑ 문항 수 : 40문항

정답 및 해설 p.029

01 다음 글에 대한 이해로 적절하지 않은 것은?

> 현대 우주론의 출발점은 1917년 아인슈타인이 발표한 정적 우주론이다. 아인슈타인은 우주는 팽창하지도 수축하지도 않는다고 주장했다. 그런데 위 이론의 토대가 된 아인슈타인의 일반 상대성 이론을 면밀히 살핀 러시아의 수학자 프리드만과 벨기에의 신부 르메트르의 생각은 아인슈타인과 달랐다. 프리드만은 1922년 "우주는 극도의 고밀도 상태에서 시작돼 점차 팽창하면서 밀도가 낮아졌다."라는 주장을, 르메트르는 1927년 "우주가 원시 원자들의 폭발로 시작됐다."라는 주장을 각각 논문으로 발표했다. 그러나 아인슈타인은 그들의 논문을 무시해 버렸다.

① 프리드만의 이론과 르메트르의 이론은 양립할 수 없는 관계이다.
② 정적 우주론은 일반상대성이론의 연장선상에 있는 이론이다.
③ 아인슈타인의 정적 우주론에 대한 반론이 제기되었다.
④ 아인슈타인의 이론과 프리드만의 이론은 양립할 수 없는 관계이다.
⑤ 아인슈타인은 프리드만과 르메트르의 주장을 받아들이지 않았다.

경제 문제는 대개 해결이 가능하다. 대부분의 경제 문제에는 몇 개의 해결책이 있다. 그러나 모든 해결책은 누군가가 상당한 손실을 반드시 감수해야 한다는 특징을 갖고 있다. 하지만 누구도 이 손실을 자발적으로 감수하고자 하지 않으며, 우리의 정치제도는 누구에게도 이 짐을 짊어지라고 강요할 수 없다. 우리의 정치적·경제적 구조로는 실질적으로 제로섬(Zero-sum)적인 요소를 지니는 경제 문제에 전혀 대처할 수 없기 때문이다.

대개의 경제적 해결책은 대규모의 제로섬적인 요소를 갖기 때문에 큰 손실을 수반한다. 모든 제로섬 게임에는 승자가 있다면 반드시 패자가 있으며, 패자가 존재해야만 승자가 존재할 수 있다. 경제적 이득이 경제적 손실을 초과할 수도 있지만, 손실의 주체에게 손실의 의미란 상당한 크기의 경제적 이득을 부정할 수 있을 만큼 매우 중요하다. 어떤 해결책으로 인해 평균적으로 사회는 더 잘살게 될 수도 있지만, 이 평균이 훨씬 더 잘살게 된 수많은 사람과 훨씬 더 못살게 된 수많은 사람을 감춘다. 만약 당신이 더 못살게 된 사람 중 하나라면 내 수입이 줄어든 것보다 다른 누군가의 수입이 더 많이 늘었다고 해서 위안을 얻지는 않을 것이다. 결국 우리는 우리 자신의 수입을 보호하기 위해 경제적 변화가 일어나는 것을 막거나 혹은 사회가 우리에게 손해를 입히는 공공정책이 강제로 시행되는 것을 막기 위해 싸울 것이다.

① 빈부격차를 해소하는 것만큼 중요한 정책은 없다.
② 사회의 총생산량이 많아지게 하는 정책이 좋은 정책이다.
③ 경제문제에서 모두가 만족하는 해결책은 존재하지 않는다.
④ 경제적 변화에 대응하는 정치제도의 기능에는 한계가 존재한다.
⑤ 경제정책의 효율성을 높이는 방법은 일관성을 유지하는 것이다.

03 다음 글의 내용 전개상 특징으로 가장 적절한 것은?

> 광고는 문화 현상이다. 이 점에 대해서 의심하는 사람은 거의 없다. 그럼에도 불구하고 많은 사람들이 광고를 단순히 경제적인 영역에서 활동하는 상품 판매 도구로만 인식하고 있다. 이와 같이 광고를 경제현상에 집착하여 논의하게 되면 필연적으로 극단적인 옹호론과 비판론으로 양분될 수밖에 없다. 예컨대, 옹호론에서 보면 마케팅적 설득이라는 긍정적 성격이 부각되는 반면, 비판론에서는 이데올로기적 조작이라는 부정적 성격이 두드러지는 이분법적 대립이 초래된다는 것이다.
>
> 물론 광고는 숙명적으로 상품 판촉수단으로서의 굴레를 벗어날 수 없다. 상품광고가 아닌 공익광고나 정치광고 등도 현상학적으로는 상품 판매를 위한 것이 아니라 할지라도, 본질적으로 상품과 다를 바 없이 이념과 슬로건, 그리고 정치적 후보들을 판매하고 있다.
>
> 그런데 현대적 의미에서 상품 소비는 물리적 상품 교환에 그치는 것이 아니라 기호와 상징들로 구성된 의미 교환 행위로 파악된다. 따라서 상품은 경제적 차원에만 머무르는 것이 아니라 문화적 차원에서 논의될 필요가 있다. 현대사회에서 상품은 기본적으로 물질적 속성의 유용성과 문제적 속성의 상징성이 이중적으로 중첩되어 있다. 더구나 최근 상품의 질적인 차별이 없어짐으로써 상징적 속성이 더욱더 중요하게 되었다.
>
> 현대 광고에 나타난 상품의 모습은 초기 유용성을 중심으로 물질적 기능이 우상으로 숭배되는 모습에서, 근래 상품의 차이가 사람의 차이가 됨으로써 기호적 상징이 더 중요시되는 토테미즘 양상으로 변화되었다고 한다. 이와 같은 광고의 상품 '채색' 활동 때문에 현대사회의 지배적인 '복음'은 상품의 소유와 소비를 통한 욕구 충족에 있다는 비판을 받는다. 광고는 상품과 상품이 만들어 놓는 세계를 미화함으로써 개인의 삶과 물질적 소유를 보호하기 위한 상품 선택의 자유와 향락을 예찬한다. 이러한 맥락에서 오늘날 광고는 소비자와 상품 사이에서 일어나는 일종의 담론이라고 할 수 있다. 광고 읽기는 단순히 광고를 수용하거나 해독하는 행위에 그치지 않고 '광고에 대한 비판적인 안목을 갖고 비평을 시도하는 것'을 뜻한다고 할 수 있다.

① 대상을 새로운 시각으로 바라보고, 이해할 수 있게 하였다.
② 대상의 의미를 통시적 관점으로 고찰하고 있다.
③ 대상의 문제점을 파악하고 나름의 해결책을 모색하고 있다.
④ 대상에 대한 견해 중 한쪽에 치우쳐 논리를 전개하고 있다.
⑤ 대상에 대한 상반된 시각을 예시를 통해 소개하고 있다.

04 다음 빈칸에 들어갈 문장으로 가장 적절한 것은?

> 자연계는 무기적인 환경과 생물적인 환경이 상호 연관되어 있으며, 그것은 생태계로 불리는 한 시스템을 이루고 있음이 밝혀진 이래, 이 이론은 자연을 이해하기 위한 가장 기본이 되는 것으로 받아들여지고 있다. 그동안 인류는 보다 윤택한 삶을 누리기 위하여 산업을 일으키고 도시를 건설하며 문명을 이룩해 왔다. 이로써 우리의 삶은 매우 윤택해졌으나 우리의 생활환경은 오히려 훼손되고 있으며, 환경오염으로 인한 공해가 누적되고 있고, 우리 생활에서 없어서는 안 될 각종 자원도 바닥이 날 위기에 놓이게 되었다. _____ 따라서 우리는 낭비되는 자원, 그리고 날로 황폐해져가는 자연에 대하여 우리가 해야 할 시급한 임무가 무엇인지를 깨닫고, 이를 실천하기 위해 우리 모두의 지혜와 노력을 모아야만 한다.

① 만약 우리가 이 위기를 슬기롭게 극복해내지 못한다면 인류는 머지않아 파멸에 이르게 될 것이다.

② 이러한 위기를 초래하게 된 인류의 무분별한 자연 이용과 자연 정복의 태도는 크게 비판받아 마땅하다.

③ 그리고 과학 기술을 제 아무리 고도로 발전시킨다 해도 이러한 위기가 근본적으로 해소되기를 기대할 수는 없는 노릇이다.

④ 이처럼 인류가 환경 및 자원의 위기에 놓이게 된 것은 각국이 자국의 이익만을 앞세워 발전을 꾀했기 때문이다.

⑤ 때문에 과학기술을 이용하여 환경오염 방지 시스템을 신속히 개발해 더 이상의 자연훼손이 일어나지 않도록 막아야 한다.

05 다음 명제를 통해 얻을 수 있는 결론으로 적절한 것은?

> • 곰이면 책이 아니다.
> • 기타가 아니면 책이다.
> • 그것은 기타가 아니다.

① 그것은 곰이 아니다.

② 그것은 책이 아니다.

③ 그것은 곰이다.

④ 그것은 책이 아니거나 곰이 아니다.

⑤ 그것은 책이거나 곰이다.

06 H회사 1층의 커피숍에서는 모든 음료를 주문할 때마다 음료의 수에 따라 쿠폰에 도장을 찍어준다. 10개의 도장을 모두 채울 경우 한 잔의 음료를 무료로 받을 수 있다고 할 때, 다음을 읽고 바르게 추론한 것은?(단, 서로 다른 2장의 쿠폰은 1장의 쿠폰으로 합칠 수 있으며, 음료를 무료로 받을 때 쿠폰은 반납해야 한다)

- A사원은 B사원보다 2개의 도장을 더 모았다.
- C사원은 A사원보다 1개의 도장을 더 모았으나, 무료 음료를 받기엔 2개의 도장이 모자라다.
- D사원은 오늘 무료 음료 한 잔을 포함하여 총 3잔을 주문하였다.
- E사원은 D사원보다 6개의 도장을 더 모았다.

① A사원의 쿠폰과 D사원의 쿠폰을 합치면 무료 음료 한 잔을 받을 수 있다.
② A사원은 4개의 도장을 더 모아야 무료 음료 한 잔을 받을 수 있다.
③ C사원과 E사원이 모은 도장 개수는 서로 같다.
④ D사원이 오늘 모은 도장 개수는 B사원보다 많다.
⑤ 도장을 많이 모은 순서대로 나열하면 'C − E − A − B − D'이다.

07 흰 공 3개, 검은 공 2개가 들어 있는 상자에서 1개의 공을 꺼냈을 때, 흰 공이면 동전 3번, 검은 공이면 동전 4번을 던진다고 한다. 이때, 동전의 앞면이 3번 나올 확률은?

① $\dfrac{3}{20}$ ② $\dfrac{7}{40}$

③ $\dfrac{1}{5}$ ④ $\dfrac{9}{40}$

⑤ $\dfrac{1}{4}$

08 H출판사는 최근에 발간한 서적의 평점을 알아보니 A사이트에서는 참여자 10명에게서 평점 2점을, B사이트에서는 참여자 30명에 평점 5점, C사이트에서는 참여자 20명에 평점 3.5점을 받았다고 할 때, A ~ C사이트의 전체 평균 평점은?

① 2.5점 ② 3점
③ 3.5점 ④ 4점
⑤ 4.5점

09 너비는 같고 지름이 각각 10cm인 A롤러와 3cm인 B롤러로 각각 벽을 칠하는데, 처음으로 A와 B가 같은 면적을 칠했을 때 A, B롤러가 회전한 값의 합은?(단, 롤러는 1회전씩 칠하며 회전 중간에 멈추는 일은 없다)

① 11바퀴   ② 12바퀴

③ 13바퀴   ④ 14바퀴

⑤ 15바퀴

10 유진이와 은미는 제주도에 놀러가 감귤 농장을 견학하였다. 체험 행사에서 1시간 30분 동안 감귤을 따서 마음대로 바구니에 담아 가지고 갈 수 있다고 한다. 유진이는 90개를 1시간 10분 동안 따고 20분 쉬었으며, 은미는 프로그램 시간 내내 95개를 땄다. 은미가 농장에서 일한 능률이 유진이가 농장에서 일한 능률에서 차지하는 비율은?(단, 능률은 쉬는 시간을 제외한 시간에서 한 시간 동안 딴 감귤의 개수를 말하며, 능률 및 비율은 소수점은 버림한다)

① 73%   ② 75%

③ 77%   ④ 81%

⑤ 83%

11 남학생 4명과 여학생 3명을 원형 모양의 탁자에 앉힐 때, 여학생 3명이 이웃해서 앉을 확률은?

① $\dfrac{1}{21}$ ② $\dfrac{1}{18}$

③ $\dfrac{1}{15}$ ④ $\dfrac{1}{7}$

⑤ $\dfrac{1}{5}$

12 A사원이 회사 근처로 이사를 하고 처음으로 수도세 고지서를 받은 결과, 한 달 동안 사용한 수도량의 요금이 17,000원이었다. 다음 수도 사용요금 요율표를 참고할 때, A사원이 한 달 동안 사용한 수도량은?(단, 구간 누적요금을 적용한다)

〈수도 사용요금 요율표〉

(단위 : 원)

구분	사용 구분(m^3)	m^3당 단가
수도	0 ~ 30 이하	300
	30 초과 ~ 50 이하	500
	50 초과	700
기본료		2,000

① $22m^3$

② $32m^3$

③ $42m^3$

④ $52m^3$

⑤ $62m^3$

13 다음 중 제시된 도형과 같은 것은?(단, 제시된 도형은 회전이 가능하다)

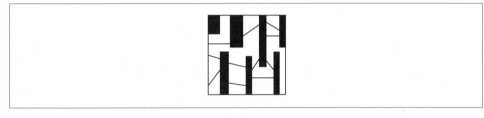

①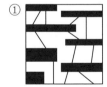

②

③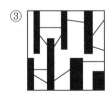

④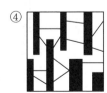

⑤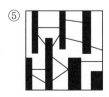

14 다음 중 나머지 도형과 다른 것은?

①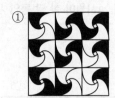

②

③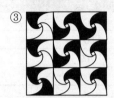

④

⑤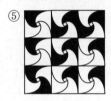

15 다음 블록의 개수는?(단, 보이지 않는 곳의 블록은 있다고 가정한다)

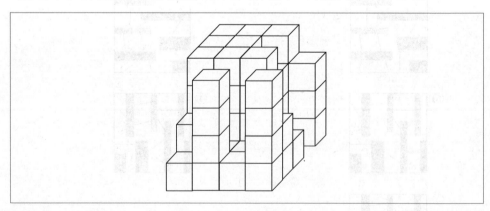

① 55개   ② 54개

③ 53개   ④ 52개

⑤ 51개

16 다음 중 〈보기〉의 단어와 관련이 없는 영어 단어는?

> 보기
>
> Museum

① Exhibit   ② Curator

③ Artifact   ④ Guide

⑤ School

17 다음 중 〈보기〉의 단어와 가장 비슷한 영어 단어는?

> 보기
>
> Difficult

① Speak   ② Hard

③ Communicate   ④ Terminate

⑤ Start

18 다음 중 〈보기〉에 제시된 자동차 부품의 명칭을 영어로 바르게 옮긴 것은?

> 보기
>
> 윈드실드

① Windsheild   ② Windseat

③ Windsheed   ④ Windsuit

⑤ Windshield

19 다음 중 〈보기〉에 제시된 단어가 뜻하는 것은?

> 보기
>
> Side Mirror

① 현가장치   ② 후방 카메라

③ 측면 유리   ④ 후사경

⑤ 선바이저

20 다음 중 자동차 부품의 한글 명칭과 영어 명칭이 바르게 연결된 것은?

① 가속 페달 – Accelerator Paddle

② 경유 – Gasoline

③ 안개등 – Fade Lamp

④ 경적 – Horn

⑤ 방향지시등 – Side Lamp

21 다음 그림과 같이 마찰이 없는 수평면에 놓여 있는 물체를 철수와 영수가 반대 방향으로 당기고 있으나, 물체는 움직이지 않고 있다.

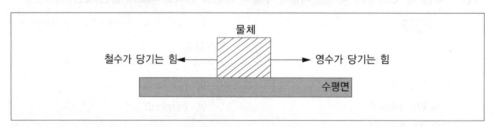

다음 〈보기〉는 위의 상황에서 물체에 작용하는 힘에 대해 생각한 단계이다. 잘못된 단계를 모두 고르면?

> **보기**
> ㉠ 물체는 정지해 있으므로, 물체에 작용하는 합력은 0이다.
> ㉡ 합력이 0이므로, 철수가 물체를 당기는 힘과 영수가 물체를 당기는 힘은 크기가 같고 방향만 반대이다.
> ㉢ 따라서 위의 두 힘은 뉴턴의 제3법칙에서 말하는 작용과 반작용의 관계에 있다.

① ㉡

② ㉢

③ ㉠, ㉡

④ ㉡, ㉢

⑤ ㉠, ㉢

22 다음 그림과 같이 2N의 추를 용수철에 매달았더니 용수철이 4cm 늘어났다. 이 용수철을 손으로 잡아당겨 10cm 늘어나게 했을 때, 손이 용수철에 작용한 힘의 크기는?

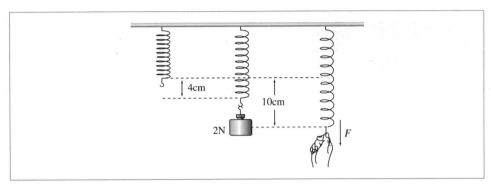

① 2.5N   ② 5N

③ 7.5N   ④ 9N

⑤ 10N

23 다음은 2m/s의 속력으로 진행하는 어떤 횡파의 모습을 나타낸 것이다. 이에 대한 설명으로 옳은 것을 〈보기〉에서 모두 고르면?

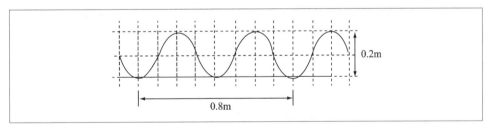

> **보기**
>
> 가. 진폭은 0.2m이다.
> 나. 파장은 0.4m이다.
> 다. 진동수는 5Hz이다.

① 가   ② 가, 나

③ 가, 다   ④ 나, 다

⑤ 가, 나, 다

24 동일한 크기의 비커 A ~ C에 각각 다른 질량의 물을 넣고 가열하였다. 가한 열량과 물의 온도변화가 다음 표와 같을 때, 비커 A ~ C에 들어 있는 물의 질량의 크기를 옳게 비교한 것은?

비커	A	B	C
가한 열(kcal)	1	2	3
온도변화(℃)	6	8	9

① A<B<C
② A<B=C
③ A=B<C
④ A<C<B
⑤ A=B=C

25 그림 (가), (나)와 같이 최대 변위가 각각 2m, 3m인 두 펄스가 서로 반대 방향으로 진행하고 있다. 두 펄스가 중첩될 때 각각 합성파의 최대변위는?

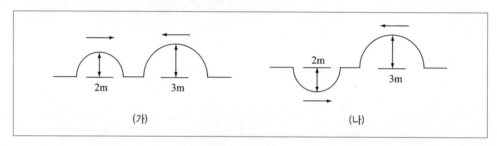

    (가)   (나)
①   5m   1m
②   3m   1m
③   5m   5m
④   3m   2m
⑤   2m   3m

26 다음 설명에 해당하는 반도체 소자는?

- p형과 n형 반도체를 접합시킨 구조이다.
- 전류가 흐를 때 빛을 방출한다.

① 부도체
② 자성체
③ 초전도체
④ 발광 다이오드
⑤ LCD(액정표시장치)

27 다음은 태양 주위를 공전하는 어떤 행성의 타원 궤도를 나타낸 것이다. 행성의 공전 속도는 태양과 가까워지면 빨라지고 멀어지면 느려진다. A ~ D 중 행성의 공전 속도가 가장 빠른 곳은?

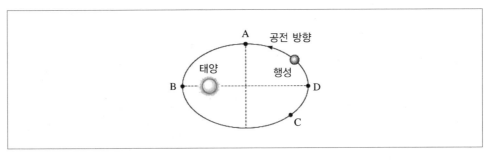

① A   ② B

③ C   ④ D

⑤ 모두 같다.

28 다음과 같이 코일을 감은 솔레노이드 양쪽 옆에 구리로 된 고리 P와 Q를 걸고 스위치를 닫았다. 고리 P와 Q의 이동이 바른 것은?

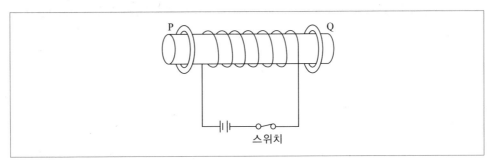

	P	Q
①	왼쪽으로 이동	오른쪽으로 이동
②	왼쪽으로 이동	왼쪽으로 이동
③	오른쪽으로 이동	오른쪽으로 이동
④	오른쪽으로 이동	왼쪽으로 이동
⑤	변화 없음	변화 없음

29 다음 회로에서 전구의 저항은?

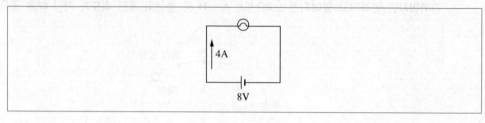

① 1Ω ② 2Ω
③ 3Ω ④ 4Ω
⑤ 5Ω

30 다음 중 전선과 기구 단자 접속 시 누름나사를 덜 죌 때 발생할 수 있는 현상과 거리가 먼 것은?

① 과열   ② 화재
③ 절전   ④ 전파 잡음
⑤ 저항 증가

31 다음 중 R-12의 염소(Cl)로 인한 오존층 파괴를 줄이기 위해 사용하고 있는 자동차용 대체 냉매는?

① R-134a   ② R-22a
③ R-16a   ④ R-12a
⑤ R-8a

32 스프링 정수가 2kg_f/mm인 자동차 코일 스프링을 3cm 압축하려는 데 필요한 힘의 크기는?

① 0.6kg_f ② 6kg_f
③ 60kg_f ④ 600kg_f
⑤ $6,000\text{kg}_f$

33 비중이 1.280(20℃)의 묽은 황산 1L 속에 35%의 황산이 포함되어 있다면 물은 몇 g 포함되어 있는가?

① 932g

② 832g

③ 819g

④ 732g

⑤ 719g

34 다음 중 표준대기압은?

① 735mmHg

② $0.85kgf/cm^2$

③ 101.325kPa

④ 10bar

⑤ 0.332mAq

35 베어링에 작용하중이 $80kg_f$ 힘을 받으면서 베어링 면의 미끄럼속도가 30m/s일 때 손실마력은? (단, 마찰계수는 0.2이다)

① 4.5PS

② 5.3PS

③ 6.4PS

④ 7.9PS

⑤ 8.2PS

36 자동차로 서울에서 대전까지 187.2km를 주행하였다. 출발시간은 오후 1시 20분, 도착시간은 오후 3시 8분이었다면 평균주행속도는?

① 126.5km/h

② 104km/h

③ 156km/h

④ 60.78km/h

⑤ 56km/h

37 어떤 물체가 초속도 10m/s로 마루면을 미끄러진다면 약 몇 m를 진행하고 멈추는가?(단, 물체와 마루면 사이의 마찰계수는 0.5이다)

① 약 0.51m

② 약 5.1m

③ 약 10.2m

④ 약 20.4m

⑤ 약 25.6m

38 다음 중 윤중에 대한 설명으로 옳은 것은?

① 자동차가 수평으로 있을 때, 1개의 바퀴가 수직으로 지면을 누르는 중량

② 자동차가 수평으로 있을 때, 차량 중량이 1개의 바퀴에 수평으로 걸리는 중량

③ 자동차가 수평으로 있을 때, 차량 총 중량이 2개의 바퀴에 수직으로 걸리는 중량

④ 자동차가 수평으로 있을 때, 공차 중량이 4개의 바퀴에 수직으로 걸리는 중량

⑤ 자동차가 수평으로 있을 때, 차량 총 중량이 바퀴를 통해 수직으로 누르는 압력

39 다음 중 디젤기관에서 연료 분사펌프의 거버너가 하는 작용은?

① 분사량을 조정한다.

② 분사시기를 조정한다.

③ 분사압력을 조정한다.

④ 착화시기를 조정한다.

⑤ 착화압력을 조정한다.

40 (나) 기어의 회전 방향은?

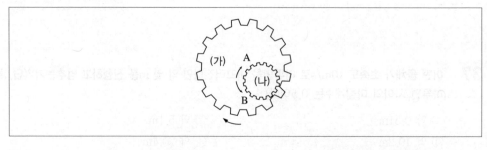

① A   ② B   ③ 움직이지 않는다.

01 다음 글의 주제로 가장 적절한 것은?

> 힘 있는 나라를 가지고 싶어 하는 것은 인류의 공통적인 염원이다. 이것은 시간의 고금(古今)을 가리지 아니하고 공간의 동서(東西)를 따질 것이 없는 한결같은 진리다. 그래서 위대하지 아니한 나라에서 태어난 사람은 태어난 나라를 위대하게 만들기 위하여 혼신의 힘을 기울인다. 보잘것없는 나라의 국민이 된다는 것은 내세울 것 없는 집안의 후손인 것 이상으로 우리를 슬프게 한다. 세계 여러 나라 사람이 모인 곳에 간다고 가정해 보자. 누가 여기서 가장 큰소리치면서 위세 당당하게 처신할 것인가? 얼핏 생각하면 이목구비가 시원하게 생긴 사람, 지식과 화술이 뛰어난 사람, 교양과 인품이 훌륭한 사람, 외국어에 능통한 사람이 돋보일 것처럼 생각된다. 실제로 그런 사람들이 국제 무대에서 뛰어난 활약을 하는 것은 사실이다. 그래서 사람은 스스로 다듬고 기르는 것이 아닌가? 그러나 실제에 있어서 어떤 사람으로 하여금 국제 사회에서 돋보이게 하는 것은 그가 등에 업고 있는 조국의 국력이다.

① 배움에 힘쓰자.
② 일등 국민을 본받자.
③ 문호 개방을 확대하자.
④ 국력을 키우자.
⑤ 훌륭한 인품을 갖추자.

02 다음 빈칸에 들어갈 문장으로 가장 적절한 것은?

> 만약 어떤 사람에게 다가온 신비적 경험이 그가 살아갈 수 있는 힘으로 밝혀진다면, 그가 다른 방식으로 살아야 한다고 다수인 우리가 주장할 근거는 어디에도 없다. 사실상 신비적 경험은 우리의 모든 노력을 조롱할 뿐 아니라, 논리라는 관점에서 볼 때 우리의 관할 구역을 절대적으로 벗어나 있다. 우리 자신의 더 합리적인 신념은 신비주의자가 자신의 신념을 위해서 제시하는 증거와 그 본성에 있어서 유사한 증거에 기초해 있다. 우리의 감각이 우리의 신념에 강력한 증거가 되는 것과 마찬가지로, 신비적 경험도 그것을 겪은 사람의 신념에 강력한 증거가 된다. 우리가 지닌 합리적 신념의 증거와 유사한 증거에 해당되는 경험은, 그러한 경험을 한 사람에게 살아갈 힘을 제공해줄 것이다. 신비적 경험은 신비주의자들에게는 살아갈 힘이 되는 것이다. 따라서 ＿＿＿＿＿＿＿＿＿＿

① 신비주의가 가져다주는 긍정적인 면에 대한 심도 있는 연구가 필요하다.
② 신비주의자들의 삶의 방식이 수정되어야 할 불합리한 것이라고 주장할 수는 없다.
③ 논리적 사고와 신비주의적 사고를 상반된 개념으로 보는 견해는 수정되어야 한다.
④ 신비주의자들은 그렇지 않은 사람들보다 더 나은 삶을 살아간다고 할 수 있다.
⑤ 모든 합리적 신념의 증거는 사실상 신비적 경험에서 나오는 것이다.

03 다음 제시된 문단을 읽고, 이어질 문단을 논리적 순서대로 바르게 나열한 것은?

오늘날과 달리 과거에는 마을에서 일어난 일들을 '원님'이 조사하고 그에 따라서 자의적으로 판단하여 형벌을 내렸다. 현대에서 법에 의하지 않고 재판행위자의 입장에서 이루어진다고 생각되는 재판을 비판하는 '원님재판'이라는 용어의 원류이다.

(가) 죄형법정주의는 앞서 말한 '원님재판'을 법적으로 일컫는 죄형전단주의와 대립되는데, 범죄와 형벌을 미리 규정하여야 한다는 것으로서, 서구에서 권력자의 가혹하고 자의적인 법 해석에 따른 반발로 등장한 것이다.

(나) 앞서 살펴본 죄형법정주의가 정립되면서 파생원칙 또한 등장하였는데, 관습형법금지의 원칙, 명확성의 원칙, 유추해석금지의 원칙, 소급효금지의 원칙, 적정성의 원칙 등이 있다. 이러한 파생원칙들은 모두 죄와 형벌은 미리 설정된 법에 근거하여 정확하게 내려져야 한다는 죄형법정주의의 원칙과 연관하여 쉽게 이해될 수 있다.

(다) 그러나 현대에서 '원님재판'은 이루어질 수 없다. 형사법의 영역에 논의를 한정하여 보자면, 형사법을 전반적으로 지배하고 있는 대원칙은 형법 제1조에 규정되어있는 소위 '죄형법정주의'이다.

(라) 그 반발은 프랑스 혁명의 결과물인 '인간 및 시민의 권리선언' 제8조에서 '누구든지 범죄 이전에 제정·공포되고 또한 적법하게 적용된 법률에 의하지 아니하고는 처벌되지 아니한다.'라고 하여 실질화되었다.

① (다) – (가) – (나) – (라)
② (가) – (다) – (라) – (나)
③ (다) – (라) – (가) – (나)
④ (다) – (가) – (라) – (나)
⑤ (가) – (다) – (나) – (라)

04 H사에 근무하는 A씨가 이 기사를 읽고 기업의 사회적 책임에 대해 생각해보았다고 할 때, A씨가 생각한 것으로 적절하지 않은 것은?

세계 자동차 시장 점유율 1위를 기록했던 도요타 자동차는 2009년 11월 가속페달의 매트 끼임 문제로 미국을 비롯해 전 세계적으로 1,000만 대가 넘는 사상 초유의 리콜을 했다. 도요타 자동차의 리콜 사태에 대한 원인으로 기계적 원인과 더불어 무리한 원가절감, 과도한 해외생산 확대, 안일한 경영 등 경영상의 요인들이 제기되고 있다. 또 도요타 자동차는 급속히 성장하면서 제기된 문제들을 소비자의 관점이 아닌 생산자의 관점에서 해결하려고 했고, 늦은 리콜 대응 등 문제 해결에 미흡했다는 지적을 받고 있다. 이런 대규모 리콜 사태로 인해 도요타 자동차가 지난 수십 년간 세계적으로 쌓은 명성은 하루아침에 모래성이 됐다. 이와 다른 사례로 존슨앤드존슨의 타이레놀 리콜사건이 있다. 1982년 9월 말 미국 시카고 지역에서 존슨앤드존슨의 엑스트라 스트렝스 타이레놀 캡슐을 먹고 4명이 사망하는 사건이 발생한 것이었으나, 존슨앤드존슨은 즉각적인 대규모 리콜을 단행했다. 그 결과 존슨앤드존슨은 소비자들의 신뢰를 다시 회복했다.

① 상품에서 결함이 발견됐다면 기업은 그것을 인정하고 책임지는 모습이 필요해.
② 기업은 문제를 인지한 즉시 문제를 해결하기 위해 노력해야 해.
③ 이윤창출은 기업의 유지에 필요하지만, 수익만을 위해 움직이는 것은 여러 문제를 일으킬 수 있어.
④ 존슨앤드존슨은 사회의 기대와 가치에 부합하는 윤리적 책임을 잘 이행하였어.
⑤ 소비자의 관점이 아닌 생산자의 관점에서 문제를 해결할 때, 소비자들의 신뢰를 회복할 수 있어.

05

• 회계팀의 팀원은 모두 회계 관련 자격증을 가지고 있다.
• _____
• 그러므로 돈 계산이 빠르지 않은 사람은 회계팀이 아니다.

① 회계팀이 아닌 사람은 돈 계산이 빠르다.
② 돈 계산이 빠른 사람은 회계 관련 자격증을 가지고 있다.
③ 회계팀이 아닌 사람은 회계 관련 자격증을 가지고 있지 않다.
④ 돈 계산이 빠르지 않은 사람은 회계 관련 자격증을 가지고 있다.
⑤ 돈 계산이 빠르지 않은 사람은 회계 관련 자격증을 가지고 있지 않다.

06

• 낡은 것을 버려야 새로운 것을 채울 수 있다.
• _____
• 그러므로 새로운 것을 채우지 않는다면 더 많은 세계를 경험할 수 없다.

① 새로운 것을 채운다면 낡은 것을 버릴 수 있다.
② 낡은 것을 버리지 않는다면 새로운 것을 채울 수 없다.
③ 새로운 것을 채운다면 더 많은 세계를 경험할 수 있다.
④ 낡은 것을 버리지 않는다면 더 많은 세계를 경험할 수 없다.
⑤ 더 많은 세계를 경험하지 못한다면 새로운 것을 채울 수 없다.

07 부서들이 신청한 필요 물품 구매를 위해 총무팀은 인터넷으로 테이프와 볼펜, 메모지를 구입하였다. 개당 테이프는 1,100원, 볼펜은 500원, 메모지는 1,300원이었다. 예산은 총 15만 원이며, 예산 범위 내에서 각각 40개 이상씩 구입할 계획이다. 구매 물품 중 볼펜을 가장 많이 구입할 때, 구입 가능한 볼펜의 최소 개수는?

① 55개
② 54개
③ 53개
④ 52개
⑤ 51개

08 갑은 곰 인형 100개를 만드는 데 4시간, 을은 25개를 만드는 데 10시간이 걸린다. 이들이 함께 일을 하면 각각 원래 능력보다 20% 효율이 떨어진다. 이들이 함께 곰 인형 132개를 만드는 데 걸리는 시간은?

① 5시간   ② 6시간

③ 7시간   ④ 8시간

⑤ 9시간

09 H사에서는 A, B 두 제품을 주력 상품으로 제조하고 있다. A제품을 1개 만드는 데 재료비는 3,600원, 인건비는 1,600원이 들어간다. 또한 B제품을 1개 만드는 데 재료비는 1,200원, 인건비는 2,000원이 들어간다. 이 회사는 한 달 동안 두 제품을 합하여 40개를 생산하려고 한다. 재료비는 12만 원 이하, 인건비는 7만 원 이하가 되도록 하려고 할 때, A제품을 최대로 생산하면 몇 개를 만들 수 있는가?

① 25개   ② 26개

③ 28개   ④ 30개

⑤ 31개

10 A계열사와 B계열사의 제품 생산량의 비율은 3 : 7이고, 각각의 불량률은 2%, 3%이다. 신제품 생산을 위해서 부품을 선정하여 불량품이 나왔을 때, 그 불량품이 B계열사의 불량품일 확률은?

① $\dfrac{13}{21}$ ② $\dfrac{7}{8}$

③ $\dfrac{7}{9}$ ④ $\dfrac{13}{15}$

⑤ $\dfrac{15}{17}$

11 H회사의 연구부서에 4명의 연구원 A ~ D가 있다. B, C연구원의 나이의 합은 A, D연구원 나이의 합보다 5살 적다. A연구원은 C보다는 2살 많으며, D연구원보다 5살 어리다. A연구원이 30살일 때, B연구원의 나이를 구하면?

① 28살   ② 30살

③ 32살   ④ 34살

⑤ 36살

12 중소기업의 생산 관리팀에서 근무하고 있는 A씨는 총 생산 비용의 감소율을 30%로 설정하려고 한다. 1단위 생산 시 단계별 부품 단가가 다음 자료와 같을 때 ⓐ+ⓑ의 값으로 적절한 것은?

(단위 : 원)

단계	부품 1단위 생산 시 투입비용	
	개선 전	개선 후
1단계	4,000	3,000
2단계	6,000	ⓐ
3단계	11,500	ⓑ
4단계	8,500	7,000
5단계	10,000	8,000

① 4,000원
② 6,000원
③ 8,000원
④ 10,000원
⑤ 12,000원

13 다음 중 제시된 도형과 같은 것은?

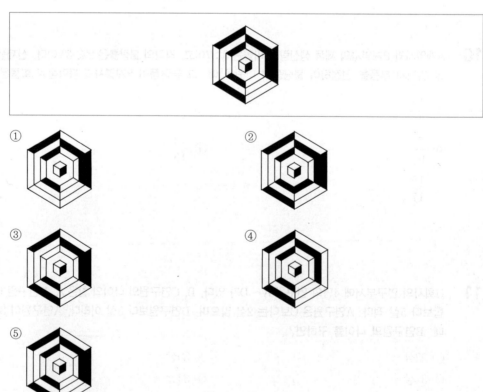

① ② ③ ④ ⑤

14 다음 중 나머지 도형과 다른 것은?

①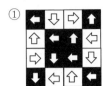

②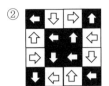

③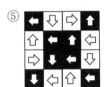

④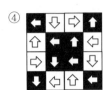

⑤

15 다음 블록의 개수는?(단, 보이지 않는 곳의 블록은 있다고 가정한다)

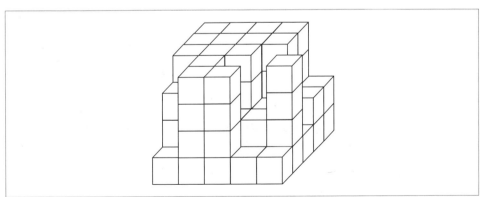

① 75개   ② 76개

③ 77개   ④ 78개

⑤ 79개

16 다음 중 〈보기〉의 단어와 관련이 없는 영어 단어는?

> **보기**
>
> Photograph

① Selfie   ② Pencil
③ Landscape   ④ Album
⑤ Camera

17 다음 중 〈보기〉의 단어와 가장 비슷한 영어 단어는?

> **보기**
>
> Truth

① Fact   ② Conversation
③ Trust   ④ Park
⑤ Rest

18 다음 중 〈보기〉에 제시된 자동차 부품의 명칭을 영어로 바르게 옮긴 것은?

> **보기**
>
> 에어백

① Airbag   ② Airback
③ Safebag   ④ Emergencybag
⑤ Airball

19 다음 중 〈보기〉에 제시된 단어가 뜻하는 것은?

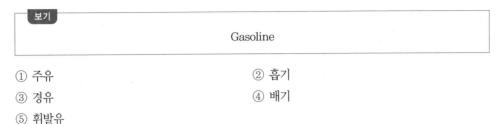

> **보기**
>
> Gasoline

① 주유   ② 흡기

③ 경유   ④ 배기

⑤ 휘발유

20 다음 〈보기〉는 자동변속 자동차의 변속기와 변속기 레버를 표현한 그림이다. 현재 연결된 기어의 영문 명칭으로 옳은 것은?

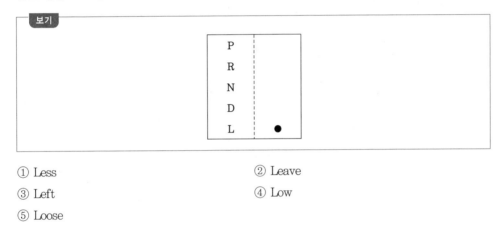

① Less   ② Leave

③ Left   ④ Low

⑤ Loose

21 다음 설명에 해당하는 발전 방식은?

> • 태양의 빛에너지를 직접 전기 에너지로 전환한다.
> • 광전 효과를 기반으로 하는 태양 전지를 이용한다.

① 조력 발전   ② 풍력 발전

③ 원자력 발전   ④ 태양광 발전

⑤ 화력 발전

제6회

※ 다음 설명에 해당하는 것을 고르시오. [22~24]

22

- 전류에 의한 자기장을 이용한다.
- 전기 에너지를 소리 에너지로 전환시킨다.

① 다리미   ② 배터리
③ 백열등   ④ 스피커
⑤ 모니터

23

- 사람이 볼 수 있는 전자기파의 한 종류이다.
- 텔레비전 영상은 이 빛을 통해 보는 것이다.
- 연속 스펙트럼의 무지개색 빛이다.

① X선   ② 자외선
③ 적외선   ④ 가시광선
⑤ 감마선

24

- 빛의 전반사 원리를 이용한 것이다.
- 광섬유와 렌즈 등으로 이루어진 관을 체내에 삽입하여 위나 대장 등을 검진한다.

① 내시경   ② 청진기
③ 체온계   ④ 혈압계
⑤ MRI

25 열기관에 대한 설명으로 옳은 것만을 〈보기〉에서 모두 고르면?

> **보기**
>
> ㄱ. 열에너지를 일로 전환하는 장치이다.
> ㄴ. 열은 저열원에서 고열원으로 이동한다.
> ㄷ. [열효율(%)] $= \dfrac{(\text{열기관이 한 일})}{(\text{열기관이 공급한 열에너지})} \times 100$ 이다.

① ㄴ   ② ㄷ
③ ㄱ, ㄴ   ④ ㄱ, ㄷ
⑤ ㄴ, ㄷ

26 입력 100V의 단상 교류를 SCR 4개를 사용하여 브리지 제어 정류하려 한다. 이때 사용할 1개 SCR의 최대 역전압(내압)은 몇 V 이상이어야 하는가?

① 약 25V   ② 약 112.4V

③ 약 141.4V   ④ 약 168.8V

⑤ 약 224V

27 다음 중 전력과 전력량에 대한 설명으로 옳지 않은 것은?

① 전력은 전력량과 다르다.

② 전력량은 와트로 환산된다.

③ 전력량은 칼로리 단위로 환산된다.

④ 전력은 칼로리 단위로 환산할 수 없다.

⑤ 전력량은 전력과 시간의 곱으로 계산할 수 있다.

28 다음 그림과 같은 정류 회로에서 전류계의 지시값은?(단, 전류계는 가동 코일형이고, 정류기의 저항은 무시한다)

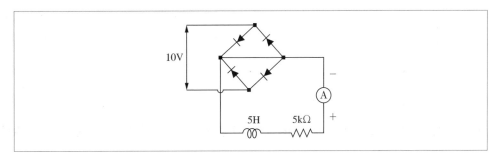

① 9mA   ② 6.4mA

③ 4.5mA   ④ 1.8mA

⑤ 1.2mA

29 다음 중 등기구 설치 시 고려해야 하는 사항이 아닌 것은?

① 시동 전류   ② 고조파 전류

③ 보상   ④ 허용 전류

⑤ 최초 점화 전류

30 다음 중 다이오드를 사용한 정류회로에서 다이오드를 여러 개 직렬로 연결하여 사용하는 경우에 대한 설명으로 옳은 것은?

① 다이오드를 과전류로부터 보호할 수 있다.

② 다이오드를 과전압으로부터 보호할 수 있다.

③ 다이오드를 합선으로부터 보호할 수 있다.

④ 부하 출력의 맥동률을 감소시킬 수 있다.

⑤ 낮은 전압 전류에 적합하다.

31 주행거리 1.6km를 주행하는 데 40초가 걸렸다. 이 자동차의 주행속도를 초속과 시속으로 변환하면?

① 25m/s, 111km/h

② 25m/s, 14.4km/h

③ 40m/s, 11.1km/h

④ 40m/s, 144km/h

⑤ 64m/s, 230.4km/h

32 다음 중 축용 기계요소에 속하는 것은?

① 베어링

② 체인

③ 풀리

④ 기어

⑤ 마찰자

33 다음 중 실린더를 제작할 때 보링작업으로 구멍을 깎고 난 후 구멍 안을 매끈하게 하기 위해 하는 마무리 작업은?

① 슈퍼피니싱

② 래핑

③ 호닝

④ 드릴링

⑤ 어닐링

34 36km/h의 속도로 달리던 자동차가 10초 후에 정지했을 때 가속도는?

① -1m/s^2

② -2m/s^2

③ -3m/s^2

④ -4m/s^2

⑤ -5m/s^2

35 구동 피니언의 잇수 6, 링기어의 잇수 30, 추진축의 회전수 1,000rpm일 때 왼쪽 바퀴가 150rpm으로 회전한다면 오른쪽 바퀴의 회전수는?

① 250rpm   ② 300rpm

③ 350rpm   ④ 400rpm

⑤ 450rpm

36 150kgf의 물체를 수직방향으로 초당 1m의 속도로 들어 올리려 할 때 필요한 PS값은?

① 0.5PS   ② 1PS

③ 1.5PS   ④ 2PS

⑤ 2.5PS

37 다음 중 공기식 제동장치가 아닌 부품은?

① 릴레이 밸브   ② 브레이크 밸브

③ 브레이크 챔버   ④ 마스터 백

⑤ 퀵 릴리스 밸브

38 (가) 기어의 회전 방향은 어느 쪽인가?

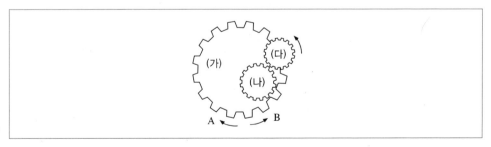

① A   ② B

③ 움직이지 않는다.   ④ 알 수 없다.

39 다음 중 유압식 동력조향장치와 전동식 동력조향장치 특징을 비교한 것으로 옳지 않은 것은?

① 유압제어를 하지 않으므로 오일이 필요 없다.

② 유압제어 방식에 비해 연비를 향상시킬 수 없다.

③ 유압제어 방식 전자제어 조향장치보다 부품 수가 적다.

④ 유압제어를 하지 않으므로 오일펌프가 필요 없다.

⑤ 유압제어 방식에 비해 핸들 복원력이 약하다.

40 다음 그림은 버니어 캘리퍼스를 이용하여 나사의 길이를 측정한 결과이다. 이 나사의 길이는?(단, 화살표는 아들자와 어미자의 눈금이 일치하는 곳이다)

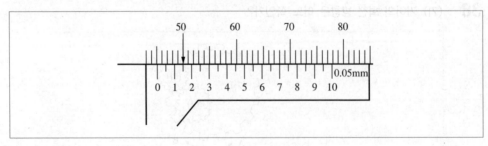

① 44mm ② 44.15mm

③ 44.5mm ④ 50m

⑤ 50.15mm

제7회 실전모의고사

모바일 OMR
답안채점 / 성적분석
서비스

☑ 응시시간 : 30분 　☑ 문항 수 : 40문항

정답 및 해설 p.041

01 다음 글의 주제로 가장 적절한 것은?

> '새'는 하나의 범주이다. [+동물][+날 것]과 같이 성분 분석을 한다면 우리 머릿속에 떠오른 '새'의 의미를 충분히 설명했다고 보기 어렵다. 성분 분석 이론의 의미자질 분석은 단순할 뿐이다. 이것이 실망스런 이유는 성분 분석 이론의 '새'에 대한 의미 기술이 고작해야 다른 범주, 즉 조류가 아닌 다른 동물 범주와 구별해 주는 정도밖에 되지 못했기 때문이다. 아리스토텔레스 이래로 하나의 범주는 경계가 뚜렷한 실재물이며, 범주의 구성원은 서로 동등한 자격을 가지고 있다고 믿어 왔다. 그리고 범주를 구성하는 단위는 자질들의 집합으로 설명될 수 있다고 생각해 왔다. 앞에서 보여 준 성분 분석 이론 역시 그런 고전적인 범주 인식에 바탕을 두고 있다. 어휘의 의미는 의미 성분, 곧 의미자질들의 총화로 기술될 수 있다고 믿는 것, 그것은 하나의 범주가 필요충분조건으로 이루어져 있다는 가정에서만이 가능한 것이었다. 그러나 '새'의 범주를 떠올려 보면, 범주의 구성원들끼리 결코 동등한 자격을 가지고 있지 않다. 가장 원형적인 구성원이 있는가 하면, 덜 원형적인 것, 주변적인 것도 있는 것이다. 이렇게 고전 범주화 이론과 차별되는 범주에 대한 새로운 인식은 인지 언어학에서 하나의 혁명으로 간주되었다.

① 고전 범주화 이론의 한계
② '새'가 갖는 성분 분석의 이론적 의미
③ '새'의 성분 분석 결과
④ 성분 분석 이론의 바탕
⑤ '새'의 범주의 필요충분조건

02 다음 글에 비추어 볼 때 합리주의적 입장이 아닌 것은?

> 어린이의 언어 습득을 설명하려는 이론으로는 두 가지가 있다. 하나는 경험주의 혹은 행동주의 이론
> 이요, 다른 하나는 합리주의 이론이다. 경험주의 이론에 의하면, 어린이가 언어를 습득하는 것은
> 어떤 선천적인 능력에 의한 것이 아니라 경험적인 훈련에 의해서 오로지 후천적으로만 이루어지는
> 것이다. 한편 합리주의적인 언어 습득의 이론에 의하면, 어린이가 언어를 습득하는 것은 '거의 전적
> 으로 타고난 특수한 언어 학습 능력'과 '일반 언어 구조에 대한 추상적인 선험적 지식'에 의해서 이
> 루어지는 것이다.

① 어린이는 완전히 백지 상태에서 출발하여 반복 연습과 시행착오와 그 교정에 의해서 언어라는
　습관을 형성한다.

② 언어 습득의 균일성이다. 즉, 일정한 나이가 되면 모든 어린이가 예외 없이 언어를 통달하게 된다.

③ 언어의 완전한 달통성이다. 즉, 많은 현실적 악조건에도 불구하고 어린이가 완전한 언어 능력을
　갖출 수 있게 된다.

④ 성인이 따로 언어교육을 하지 않더라도 어린이는 스스로 언어를 터득한다.

⑤ 언어가 극도로 추상적이고 고도로 복잡한데도 불구하고 어린이들이 짧은 시일 안에 언어를 습득
　한다.

03 다음 글의 내용으로 적절한 것을 〈보기〉에서 모두 고르면?

가문소설은 17세기 후반에 나타난 한글 장편소설로, 한 가문의 가문사(家門史) 혹은 여러 가문이 얽힌 가문사를 그려낸다. 18 ~ 19세기에 걸쳐 사대부 가문 여성들 사이에서 인기를 끌었으며, 여성 작가도 존재했으리라 추측된다. 가문소설은 사대부의 출장입상과 가문창달의 이상이 구현되며 가부장적인 기능이 극대화되어 나타나는 등 가문의 질서가 높아지는 형태를 띠었다. 그러나 한편으로는 고부 갈등이나 처첩 갈등 등의 봉건적 가족의 모순과 후계자 문제 등 당시 *벌열(閥閱)들 사이에서 실제로 존재했던 문제도 드러난다. 이러한 구성은 당시의 시대 배경과 관련이 있다. 17세기 전반에 있었던 임진왜란과 병자호란을 겪은 후, 지배 세력의 권위가 위축되면서 예학이 발달했다. 구체적으로 살펴보면 사대부 계급의 수가 증가하며 권력 투쟁이 극대화되고, 상호배타적인 당파적·가문적 결속이 강화됐다. 때문에 많은 문벌세족들은 가문 내의 갈등이나 정국 변화에 따라서 가문의 흥망을 겪었고, 이에 대한 위기의식이 드러난 것이 가문소설인 것이다.

*벌열 : 나라에 공로가 크고 벼슬 경력이 많은 명문가

보기

㉠ 가문소설을 쓴 여성 작가는 사대부 가문의 여성이었다.
㉡ 가문소설이 나타난 것은 임진왜란과 병자호란 이후이다.
㉢ 두 번의 전쟁 이후 벌열(閥閱)의 입지가 흔들렸다.
㉣ 가문소설은 당시의 시대적 상황을 반영하고 있지 않다.

① ㉠, ㉡
② ㉠, ㉣
③ ㉡, ㉢
④ ㉡, ㉣
⑤ ㉢, ㉣

04 다음 빈칸에 들어갈 문장으로 가장 적절한 것은?

> _____ 사람과 사람이 직접 얼굴을 맞대고 하는 접촉이 라디오나 텔레비전 등의 매체를 통한 접촉보다 결정적인 영향력을 미친다는 것이 일반적인 견해로 알려져 있다. 매체는 어떤 마음의 자세를 준비하게 하는 구실을 한다. 예를 들어 어떤 사람에게서 새 어형을 접했을 때 그것이 텔레비전에서 자주 듣던 것이면 더 쉽게 그쪽으로 마음의 문을 열게 된다. 하지만, 새 어형이 전파되는 것은 매체를 통해서보다 상면(相面)하는 사람과의 직접적인 접촉에 의해서라는 것이 더 일반적인 견해이다. 사람들은 한두 사람의 말만 듣고 언어 변화에 가담하지 않고 주위의 여러 사람이 다 같은 새 어형을 쓸 때 비로소 그것을 받아들이게 된다고 한다. 매체를 통한 것보다 자주 접촉하는 사람들을 통해 언어 변화가 진전된다는 사실은 언어변화의 여러 면을 바로 이해하는 핵심적인 내용이라 해도 좋을 것이다.

① 언어 변화는 결국 접촉에 의해 진행되는 현상이다.
② 연령층으로 보면 대개 젊은 층이 언어 변화를 주도한다.
③ 접촉의 형식도 언어 변화에 영향을 미치는 요소로 지적되고 있다.
④ 매체의 발달이 언어 변화에 중요한 영향을 미치는 것으로 알려져 있다.
⑤ 언어 변화는 외부와의 접촉이 극히 제한되어 있는 곳일수록 그 속도가 느리다.

05 다음 글의 필자가 주장하는 내용으로 가장 적절한 것은?

우리는 우리가 생각한 것을 말로 나타낸다. 또 다른 사람의 말을 듣고, 그 사람이 무슨 생각을 가지고 있는지를 짐작한다. 그러므로 생각과 말은 서로 떨어질 수 없는 깊은 관계를 가지고 있다.

그러면 말과 생각은 얼마만큼 깊은 관계를 가지고 있을까? 이 문제를 놓고 사람들은 오랫동안 여러 가지 생각을 하였다. 그 가운데 가장 두드러진 것이 두 가지 있다. 그 하나는 말과 생각이 서로 꼭 달라붙은 쌍둥이인데 한 놈은 생각이 되어 속에 감추어져 있고 다른 한 놈은 말이 되어 사람 귀에 들리는 것이라는 생각이다. 다른 하나는 생각이 큰 그릇이고 말은 생각 속에 들어가는 작은 그릇이어서 생각에는 말 이외에도 다른 것이 더 있다는 생각이다.

이 두 가지 생각 가운데서 앞의 것은 조금만 깊이 생각해 보면 틀렸다는 것을 즉시 깨달을 수 있다. 우리가 생각한 것은 거의 대부분 말로 나타낼 수 있지만, 누구든지 가슴 속에 응어리진 어떤 생각이 분명히 있기는 한데 그것을 어떻게 말로 표현해야 할지 애태운 경험을 가지고 있을 것이다. 이것 한 가지만 보더라도 말과 생각이 서로 안팎을 이루는 쌍둥이가 아님은 쉽게 판명된다.

인간의 생각이라는 것은 매우 넓고 큰 것이며 말이란 결국 생각의 일부분을 주워 담는 작은 그릇에 지나지 않는다. 그러나 아무리 인간의 생각이 말보다 범위가 넓고 큰 것이라고 하여도 그것을 가능한 한 말로 바꾸어 놓지 않으면 그 생각의 위대함이나 오묘함이 다른 사람에게 전달되지 않기 때문에 말의 신세를 지지 않을 수가 없게 되어 있다. 그러니까 말을 통하지 않고는 생각을 전달할 수가 없는 것이다.

① 말은 생각의 폭을 확장시킨다.
② 말은 생각을 전달하기 위한 수단이다.
③ 생각은 말이 내면화된 쌍둥이와 같은 존재이다.
④ 말은 생각의 하위요소이다.
⑤ 말은 생각을 제한하는 틀이다.

06 H사의 A ~ D는 각각 다른 팀에 근무하는데, 각 팀은 2층, 3층, 4층, 5층에 위치하고 있다. 다음 〈보기〉를 참고할 때, 다음 중 항상 참인 것은?

> **보기**
> • A, B, C, D 중 2명은 부장, 1명은 과장, 1명은 대리이다.
> • 대리의 사무실은 B보다 높은 층에 있다.
> • B는 과장이다.
> • A는 대리가 아니다.
> • A의 사무실이 가장 높다.

① 부장 중 한 명은 반드시 2층에 근무한다.
② A는 부장이다.
③ 대리는 4층에 근무한다.
④ B는 2층에 근무한다.
⑤ C는 대리이다.

07 30명의 남학생 중에서 16명, 20명의 여학생 중에서 14명이 수학여행으로 국외를 선호하였다. 전체 50명의 학생 중 임의로 선택한 한 명이 국내 여행을 선호하는 학생일 때, 이 학생이 남학생일 확률은?

① $\dfrac{3}{5}$　　　　　　　② $\dfrac{7}{10}$

③ $\dfrac{4}{5}$　　　　　　　④ $\dfrac{9}{10}$

⑤ $\dfrac{5}{13}$

08 H사의 출근 시각은 오전 9시이다. H사는 지하철역에서 H사 정문까지 셔틀버스를 운행한다. 정문에 셔틀버스가 출근 시각에 도착할 확률은 $\dfrac{1}{2}$, 출근 시각보다 늦게 도착할 확률은 $\dfrac{1}{8}$, 출근 시각보다 일찍 도착할 확률은 $\dfrac{3}{8}$이다. 지하철역에서 3대가 동시에 출발할 때, 2대의 버스는 출근 시각보다 일찍 도착하고, 1대의 버스는 출근 시각에 도착할 확률은?

① $\dfrac{1}{128}$　　　　　　② $\dfrac{3}{128}$

③ $\dfrac{9}{128}$　　　　　　④ $\dfrac{27}{128}$

⑤ $\dfrac{81}{128}$

09 볼펜 29자루, 지우개 38개, 샤프 26개를 가지고 가능한 한 많은 학생에게 똑같이 나누어 주면 볼펜은 1개가 부족하고, 샤프와 지우개는 2개가 남을 때, 학생 수는?

① 5명　　　　　　　② 6명

③ 7명　　　　　　　④ 8명

⑤ 9명

10 A는 혼자 6일 만에 끝내고, B는 혼자 8일 만에 끝내는 일이 있다. 같은 일을 A가 하루 먼저 혼자 시작하였고, 그 다음날부터 A와 B가 같이 이틀 동안 일을 하였다. 나머지 일을 B 혼자 끝내려고 할 때, B 혼자 일해야 하는 기간은?

① 1일   ② 2일

③ 3일   ④ 4일

⑤ 5일

11 A음악회는 길이가 4분, 5분, 6분인 곡이 각각 x, y, z곡으로 구성되었다. 6분짜리 곡은 4분과 5분짜리 곡을 합한 것보다 1곡 더 많이 연주되었고, 각 연주곡 사이의 준비시간은 항상 1분이다. 음악회의 전체 시간이 1시간 32분이 걸렸다고 할 때, 6분짜리 곡은 몇 곡 연주되었는가?(단, 음악회에 연주와 준비 외에 사용한 시간은 없다)

① 6곡   ② 7곡

③ 8곡   ④ 9곡

⑤ 10곡

12 다음은 농구 경기에서 갑 ~ 정 4개 팀의 월별 득점에 대한 자료이다. 빈칸에 들어갈 수치로 가장 적절한 것은?(단, 각 수치는 매월 일정한 규칙으로 변화한다)

〈월별 득점 현황〉

(단위 : 점)

구분	1월	2월	3월	4월	5월	6월	7월	8월	9월	10월
갑	1,024	1,266	1,156	1,245	1,410	1,545	1,205	1,365	1,875	2,012
을	1,352	1,702	2,000	1,655	1,320	1,307	1,232	1,786	1,745	2,100
병	1,078	1,423		1,298	1,188	1,241	1,357	1,693	2,041	1,988
정	1,298	1,545	1,658	1,602	1,542	1,611	1,080	1,458	1,579	2,124

① 1,358   ② 1,397

③ 1,450   ④ 1,498

⑤ 1,540

13 다음 중 나머지 도형과 다른 것은?

①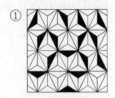

②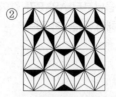

③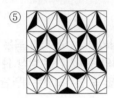

④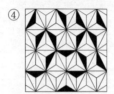

⑤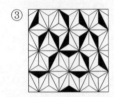

14 다음 블록의 개수는?(단, 보이지 않는 곳의 블록은 있다고 가정한다)

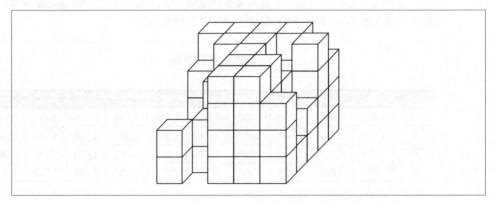

① 73개   ② 74개

③ 75개   ④ 76개

⑤ 77개

15 다음 중 제시된 도형과 같은 것은?

①

②

③

④

⑤

16 다음 중 〈보기〉의 단어와 관련이 없는 영어 단어는?

Office

① Computer　　　　　② Document
③ Telescope　　　　　④ Phone
⑤ Desk

17 다음 중 〈보기〉의 단어와 가장 비슷한 영어 단어는?

보기

Hope

① Rage　　　　　　　　　　② Panic
③ Pleasure　　　　　　　　④ Fear
⑤ Wish

18 다음 중 〈보기〉에 제시된 자동차 부품의 명칭을 영어로 바르게 옮긴 것은?

보기

펜더

① Fendor　　　　　　　　　② Fender
③ Fander　　　　　　　　　④ Pender
⑤ Pander

19 다음 중 자동차 부품의 한글 명칭과 영어 명칭이 바르게 연결된 것은?

① 안전벨트 – Slide Belt
② 라디에이터 그릴 – Radiater Grill
③ 배터리 – Bettery
④ 와이퍼 – Wiper
⑤ 좌석 – Sit

20 다음 〈보기〉는 수동변속 자동차의 운전석 페달을 나타낸 그림이다. (A)의 정확한 영어 명칭은?

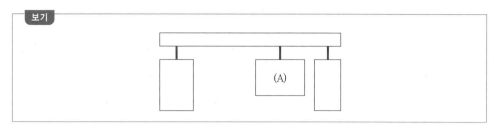

① Clutch
② Brake
③ Break
④ Accelator
⑤ Accelerator

21 다음 설명에 해당하는 센서는?

- 단위 면적당 작용하는 힘을 감지한다.
- 터치스크린이나 디지털 저울에 이용된다.

① 가스 센서
② 소리 센서
③ 압력 센서
④ 화학 센서
⑤ 자기 센서

22 P형 반도체와 N형 반도체를 접합시킨 다이오드가 전류를 한쪽 방향으로만 흐르게 하는 작용은?

① 정류 작용
② 만유인력 법칙
③ 강한 상호 작용
④ 작용 반작용 법칙
⑤ 관성 법칙

23 투과력이 높아 뼈의 골절이나 복부 질환 검진에 사용되는 CT(컴퓨터 단층 촬영)에 이용되는 전자기 파는?

① X선
② 자외선
③ 적외선
④ 가시광선
⑤ 감마선

24 다음 설명에 해당하는 것은?

> • 자성을 이용한 정보 저장 장치이다.
> • 저장된 정보를 읽어 낼 때에는 패러데이의 전자기 유도 법칙이 이용된다.

① CD   ② 액정
③ 전동기   ④ 자기 기록 카드
⑤ 블루레이

25 화석 연료를 대체하기 위한 재생 에너지원이 아닌 것은?

① 바람   ② 석탄
③ 지열   ④ 파도
⑤ 태양

26 저항 $10k\Omega$의 허용 전력이 10kW라 할 때 다음 중 허용 전류는 몇 A인가?

① 0.1A   ② 1A
③ 10A   ④ 100A
⑤ 1,000A

27 두 종류의 금속 접합부에 전류를 흘리면 전류의 방향에 따라 줄열 이외의 열의 흡수 또는 발생 현상이 생긴다. 이러한 현상을 무엇이라 하는가?

① 제벡 효과   ② 페란티 효과
③ 펠티어 효과   ④ 초전도 효과
⑤ 톰슨 효과

28 직선 전류가 흐르는 무한히 긴 도체에서 80cm 떨어진 점의 자기장의 세기가 20At/m일 때, 도체에 흐른 전류의 세기는?

① πA

② $4\pi A$

③ $8\pi A$

④ $16\pi A$

⑤ $32\pi A$

29 다음 중 전류가 전압에 비례하는 것과 관련 있는 것은?

① 키르히호프의 법칙

② 옴의 법칙

③ 줄의 법칙

④ 렌츠의 법칙

⑤ 앙페르의 법칙

30 다음 중 직류 발전기에 있어서 전기자 반작용이 생기는 요인이 되는 전류는?

① 동손에 의한 전류

② 전기자 권선에 의한 전류

③ 계자 권선의 전류

④ 규소 강판에 의한 전류

⑤ 누설에 의한 전류

31 자동차용 축전지의 비중 30℃에서 1.276일 때 20℃에서의 비중은?

① 1.269

② 1.275

③ 1.283

④ 1.290

⑤ 1.294

32 다음 중 등속도 자재이음의 종류가 아닌 것은?

① 훅 조인트형(Hook Joint Type)

② 트랙터형(Tractor Type)

③ 제파형(Rzeppa Type)

④ 버필드형(Birfield Type)

⑤ 이중 십자형

33 1마력은 매초 몇 cal의 발열량과 같은가?

① 약 32cal/s

② 약 64cal/s

③ 약 176cal/s

④ 약 735cal/s

⑤ 약 32,025cal/s

34 어떤 자동차로 마찰계수가 0.3인 도로에서 제동했을 때 제동 초속도가 10m/s라면, 제동거리는?

① 약 12m

② 약 15m

③ 약 16m

④ 약 17m

⑤ 약 18m

35 스프링 정수가 $5\text{kg}_f/\text{mm}$의 코일을 1cm 압축하는 데 필요한 힘의 크기는?

① 5kg_f ② 10kg_f

③ 50kg_f ④ 100kg_f

⑤ 500kg_f

36 176℉는 몇 ℃인가?

① 76℃ ② 80℃

③ 144℃ ④ 176℃

⑤ 196℃

37 다음 그림은 버니어 캘리퍼스를 이용하여 실린더 내경을 측정한 결과이다. 이 실린더 내경의의 내경은?(단, 화살표는 아들자와 어미자의 눈금이 일치하는 곳이다)

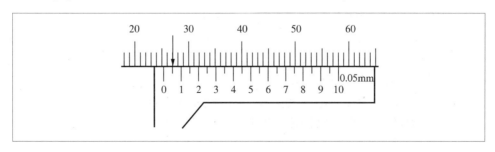

① 20.05mm ② 20.7mm

③ 25.05mm ④ 25.7mm

⑤ 27mm

38 다음 중 역방향으로 어떤 기준 이상의 전압이 가해질 때 급격히 전류가 흐르게 되는 반도체는?

① PNP형 트랜지스터   ② NPN형 트랜지스터

③ 포토 다이오드   ④ 제너 다이오드

⑤ 서미스터

39 다음 중 회전 방향이 나머지와 다른 것은?

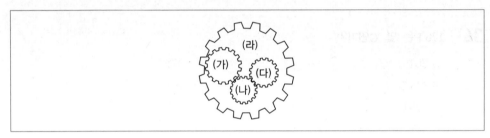

① (가)   ② (나)

③ (다)   ④ (라)

⑤ 모두 같다.

40 다음 중 납산 축전지 취급 시 주의사항으로 옳지 않은 것을 〈보기〉에서 모두 고르면?

> **보기**
>
> ㄱ. 배터리 접속 시 (+)단자부터 접속한다.
> ㄴ. 전해액이 부족하면 시냇물로 보충한다.
> ㄷ. 피부에 큰 해를 끼치지는 않으므로 맨손 작업이 가능하다.
> ㄹ. 전해액이 옷에 묻지 않도록 주의하다.

① ㄱ, ㄷ   ② ㄱ, ㄹ

③ ㄴ, ㄷ   ④ ㄴ, ㄹ

⑤ ㄷ, ㄹ

제8회 실전모의고사

모바일 OMR
답안채점 / 성적분석
서비스

☑ 응시시간 : 30분   ☑ 문항 수 : 40문항

정답 및 해설 p.047

01 다음 글의 내용과 일치하는 것은?

> 사람의 목숨을 좌우할 수 있는 형벌문제는 군현(郡縣)에서 항상 일어나는 것이고 지방 관리가 되면
> 늘 처리해야 하는 일인데도, 사건을 조사하는 것이 항상 엉성하고 죄를 결정하는 것이 항상 잘못된다.
> 옛날에 자산이라는 사람이 형벌규정을 정한 형전(刑典)을 새기자 어진 사람들이 그것을 나무랐고,
> 이회가 법률서적을 만들자 후대의 사람이 그를 가벼이 보았다. 그 뒤 수(隋)나라와 당(唐)나라 때에
> 와서는 이를 절도(竊盜)·투송(鬪訟)과 혼합하고 나누지 않아서, 세상에서 아는 것은 오직 한패공
> (漢沛公: 한 고조 유방)이 선언한 '사람을 죽인 자는 죽인다.'는 규정뿐이었다.
> 그런데 선비들은 어려서부터 머리가 희어질 때까지 오직 글쓰기나 서예 등만 익혔을 뿐이므로 갑자
> 기 지방관리가 되면 당황하여 어찌할 바를 모른다. 그래서 간사한 아전에게 맡겨 버리고는 스스로
> 알아서 처리하지 못하니, 저 재화(財貨)만을 숭상하고 의리를 천히 여기는 간사한 아전이 어찌 이치
> 에 맞게 형벌을 처리할 수 있겠는가?
>
> — 정약용, 『흠흠신서(欽欽新書)』서문

① 고대 중국에서는 형벌 문제를 중시하였다.
② 아전을 형벌 전문가로서 높이 평가하고 있다.
③ 조선시대의 사대부들은 형벌에 대해 잘 알지 못한다.
④ 지방관들은 인명을 다루는 사건을 현명하게 처리하고 있다.
⑤ 선비들은 이치에 맞게 형벌을 처리할 수 있었다.

02 다음 글의 서술상 특징으로 옳은 것은?

'디드로 효과'는 프랑스의 계몽주의 철학자인 드니 디드로의 이름을 따서 붙여진 것으로, 소비재가 어떤 공통성이나 통일성에 의해 연결되어 있음을 시사하는 개념이다. 디드로는 '나의 옛 실내복과 헤어진 것에 대한 유감'이라는 제목의 에세이에서, 친구로부터 받은 실내복에 관한 이야기를 풀어 놓는다. 그는 '다 헤지고 시시하지만 편안했던 옛 실내복'을 버리고, 친구로부터 받은 새 실내복을 입었다. 그로 인해 또 다른 변화가 일어났다. 그는 한두 주 후 실내복에 어울리게끔 책상을 바꿨고, 이어 서재의 벽에 걸린 장식을 바꿨으며, 결국엔 모든 걸 바꾸고 말았다. 달라진 것은 그것뿐만이 아니었다. 전에는 서재가 초라했지만 사람들이 붐볐고, 그래서 혼잡했지만 잠시 행복함을 느끼기도 했다. 하지만 실내복을 바꾼 이후의 변화를 통해서 우아하고 질서 정연하고 아름답게 꾸며졌지만, 결국 자신은 우울해졌다는 것이다.

① 묘사를 통해 대상을 구체적으로 드러내고 있다.
② 다양한 개념들을 분류의 방식으로 설명하고 있다.
③ 일련의 벌어진 일들을 인과관계에 따라 서술하고 있다.
④ 권위 있는 사람의 말을 인용하여 주장을 뒷받침하고 있다.
⑤ 비교의 방식을 통해 두 가지 개념의 특징을 드러내고 있다.

03 다음 글을 읽고 보인 반응으로 가장 적절한 것은?

캔 음료의 대부분은 원기둥 모양과 함께 밑바닥이 오목한 아치 형태를 이루고 있다는 것을 우리는 잘 알고 있다. 삼각기둥도 있고, 사각기둥도 있는데 왜 굳이 원기둥 모양에 밑면이 오목한 아치 형태를 고집하는 것일까? 그 이유는 수학과 과학으로 설명할 수 있다.
먼저, 삼각형, 사각형, 원이 있을 때 각각의 둘레의 길이가 같다면 어느 도형의 넓이가 가장 넓을까? 바로 원의 넓이이다. 즉, 같은 높이의 삼각기둥, 사각기둥, 원기둥이 있다면 이 중 원기둥의 부피가 가장 크다는 것이다. 이것은 원기둥이 음료를 많이 담을 수 있으면서도, 캔을 만들 때 사용되는 재료 인 알루미늄은 가장 적게 사용된다는 것이고, 이는 생산 비용을 절감시키는 효과로 이어지는 것이다. 다음으로 캔의 밑바닥을 살펴보면, 같은 원기둥 모양의 캔이라도 음료 캔에 비해 참치 통조림의 경 우는 밑면이 평평하다. 이 두 캔의 밑면이 다른 이유는 내용물에 '기체가 포함되느냐, 아니냐?'와 관련이 있다. 탄산음료의 경우에, 이산화탄소가 팽창하면 캔 내부의 압력이 커져 폭발할 우려가 있 는데, 이것을 막기 위해 캔의 밑바닥을 아치형으로 만드는 것이다. 밑바닥이 안쪽으로 오목하게 들 어가면 캔의 내용물이 팽창하여 위에서 누르는 힘을 보다 효과적으로 견딜 수 있기 때문이다.

① 교량을 평평하게 만들면 차량의 하중을 보다 잘 견딜 수 있을 거야.
② 집에서 사용하는 살충제 캔의 바닥이 오목하게 들어간 것은 과학적 이유가 있었던 거야.
③ 원기둥 모양의 음료 캔은 과학적으로 제작해서 경제성과는 관련이 없구나.
④ 우리의 갈비뼈는 체내의 압력을 견디기 위해서 활처럼 둥글게 생겼구나.
⑤ 삼각기둥 모양의 캔을 만들면 생산 비용은 원기둥보다 낮아지겠구나.

04 다음 글에 나타난 글쓴이의 특징으로 가장 적절한 것은?

> 우리나라의 전통음악은 정악(正樂)과 민속악으로 나눌 수 있다. 정악은 주로 양반들이 향유하던 음악으로, 궁중에서 제사를 지낼 때 사용하는 제례악과 양반들이 생활 속에서 즐기던 풍류음악 등이 이에 속한다. 이와 달리 민속악은 서민들이 즐기던 음악으로, 서민들이 생활 속에서 느낀 기쁨, 슬픔, 한(恨) 등의 감정이 솔직하게 표현되어 있다.
>
> 정악의 제례악에는 종묘제례악과 문묘제례악이 있다. 본래 제례악의 경우 중국 음악을 사용하였는데, 이 때문에 우리나라의 정악을 중국에서 들어온 것으로 여기고 순수한 우리의 음악으로 받아들이지 않을 수 있다. 그러나 종묘제례악은 세조 이후부터 세종대왕이 만든 우리 음악을 사용하였고, 중국 음악으로는 문묘제례악과 이에 사용되는 악기 몇 개일 뿐이다.
>
> 정악의 풍류음악은 주로 양반 사대부들이 사랑방에서 즐기던 음악으로, 궁중에서 경사가 있을 때 연주되기도 하였다. 대표적인 곡으로는 '영산회상', '여민락' 등이 있으며, 양반 사대부들은 이러한 정악곡을 반복적으로 연주하면서 음악에 동화되는 것을 즐겼다. 이처럼 대부분의 정악은 이미 오래 전부터 우리 민족 고유의 정서와 감각을 바탕으로 만들어져 전해 내려온 것으로 부정할 수 없는 우리의 전통 음악이다.

① 예상되는 반론에 대비하여 근거를 들어 주장을 강화하고 있다.

② 비교·대조를 통해 여러 가지 관점에서 대상을 살펴보고 있다.

③ 기존 견해를 비판하고 새로운 견해를 제시하고 있다.

④ 대상의 장점과 단점을 분석하고 있다.

⑤ 구체적인 사례를 들며 대상을 설명하고 있다.

05

- 주현이는 수지의 바로 오른쪽에 있다.
- 지은이와 지영이는 진리의 옆에 있지 않다.
- 지영이와 지은이는 주현이의 옆에 있지 않다.
- 지은이와 진리는 수지의 옆에 있지 않다.

A : 수지가 몇 번째로 서 있는지는 정확히 알 수 없다.
B : 지영이는 수지 옆에 있지 않다.

① A만 옳다.
② B만 옳다.
③ A, B 모두 옳다.
④ A, B 모두 틀리다.
⑤ A, B 모두 옳은지 틀린지 판단할 수 없다.

06

- 병이 4개 놓여 있고, 그 중 3개에는 독약이 들어 있다.
- 독약이 든 병에는 거짓이 적힌 쪽지가, 독약이 없는 병에는 진실이 적힌 쪽지가 붙어 있다.
- 빨간색 병 : 주황색 병은 독약이다.
- 주황색 병 : 이 병은 독약이 아니다.
- 노란색 병 : 노란색 병 또는 초록색 병 중 하나는 독약이 아니다.
- 초록색 병 : 노란색 병에 붙은 쪽지는 진실이다.

A : 빨간색 병은 독약이다.
B : 주황색 병은 독약이다.

① A만 옳다.
② B만 옳다.
③ A, B 모두 옳다.
④ A, B 모두 틀리다.
⑤ A, B 모두 옳은지 틀린지 판단할 수 없다.

07 A대학교에 지원한 지원자의 남학생과 여학생의 비율은 3 : 2이었다. 지원자 중 합격자의 남녀 비율은 5 : 2이고, 불합격자 남녀 비율은 4 : 3이라고 한다. 전체 합격자 수가 280명일 때, 지원자 중 여학생의 총 인원은?

① 440명　　　　　　　　　　　② 480명
③ 540명　　　　　　　　　　　④ 560명
⑤ 640명

08 서주임과 김대리는 공동으로 프로젝트를 끝내고 보고서를 제출하려 한다. 이 프로젝트를 혼자 할 때 서주임은 24일이 걸리고, 김대리는 16일이 걸린다. 처음 이틀은 같이 하고, 이후엔 김대리 혼자 프로젝트를 하다가 보고서 제출 하루 전부터 같이 하였다. 보고서를 제출할 때까지 걸린 총 기간은?

① 11일　　　　　　　　　　　② 12일
③ 13일　　　　　　　　　　　④ 14일
⑤ 15일

09 4개의 바퀴가 서로 맞물려 돌고 있다. A바퀴가 1분에 10회전할 때 D바퀴가 1분에 회전하는 수는? (단, 각 바퀴의 반지름은 A＝24cm, B＝20cm, C＝10cm, D＝12cm이다)

① 14회　　　　　　　　　　　② 17회
③ 20회　　　　　　　　　　　④ 23회
⑤ 26회

10 톱니 수가 각각 6개, 8개, 10개, 12개인 톱니바퀴 A ~ D가 일렬로 있다. A는 B와 맞닿아 있고, B는 A, C와, C는 B, D와 맞닿아 있다. A가 12바퀴 회전을 했을 때, B와 D가 각각 회전하는 수는?

① 6번, 10번　　　　　　　　　② 9번, 6번
③ 6번, 8번　　　　　　　　　　④ 9번, 5번
⑤ 6번, 7번

11 어른 3명과 어린아이 3명이 함께 식당에 갔다. 자리가 6개인 원탁에 앉는다고 할 때 앉을 수 있는 경우의 수는?(단, 아이들은 어른들 사이에 앉힌다)

① 8가지 ② 12가지

③ 16가지 ④ 20가지

⑤ 24가지

12 다음은 1월 2일에 H전자 주식에 100,000원을 투자한 후 닷새간의 주가 등락률을 정리한 자료이다. 다음 자료를 참고했을 때 옳은 설명은?

			〈전일 대비 주가 등락률〉		
구분	1월 3일	1월 4일	1월 5일	1월 6일	1월 7일
등락률	10% 상승	20% 상승	10% 하락	20% 하락	10% 상승

① 1월 5일에 매도할 경우 5,320원 이익이다.

② 1월 6일에 매도할 경우 이익률은 -6.9%이다.

③ 1월 4일은 매도할 경우 이익률은 30%이다.

④ 1월 6일에 매도할 경우 4,450원 손실이다.

⑤ 1월 7일에 매도할 경우 주식 가격은 104,544원이다.

13 다음 중 제시된 도형과 다른 것은?(단, 도형은 회전이 가능하다)

①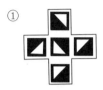

②

③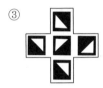

④

⑤

14 다음 중 나머지 도형과 다른 것은?

①

②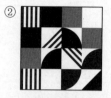

③

④

⑤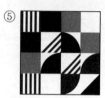

15 다음 블록의 개수는?(단, 보이지 않는 곳의 블록은 있다고 가정한다)

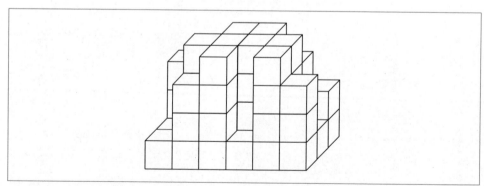

① 51개

② 52개

③ 53개

④ 54개

⑤ 55개

16 다음 중 〈보기〉의 단어와 가장 비슷한 영어 단어는?

> **보기**
>
> Exhausted

① Bright　　　　　　　　　② Tired

③ Chance　　　　　　　　 ④ Contest

⑤ Difference

17 다음 중 영어 단어와 그 뜻이 바르게 연결되지 않은 것은?

① Transport – 수송　　　　　② Theater – 극장

③ Park – 병원　　　　　　　 ④ Farm – 농장

⑤ School – 학교

18 다음 중 〈보기〉에 제시된 자동차 부품의 명칭을 영어로 바르게 옮긴 것은?

> **보기**
>
> 방향 지시등

① Change Signal　　　　　　② Shift Signal

③ Shift Indicator　　　　　 ④ Turn Signal

⑤ Turn Indicator

19 다음 〈보기〉는 자동변속 자동차의 변속기와 변속기 레버를 표현한 그림이다. 현재 연결된 기어의 영문 명칭으로 옳은 것은?

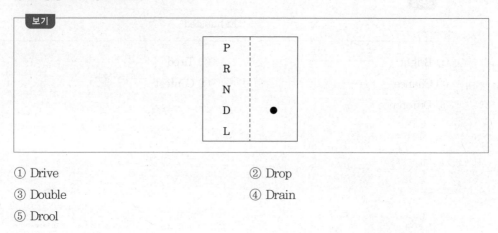

① Drive
② Drop
③ Double
④ Drain
⑤ Drool

20 다음 〈보기〉는 수동변속 자동차의 운전석 페달을 나타낸 그림이다. (A)의 정확한 영어 명칭은?

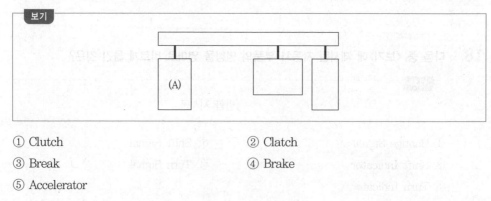

① Clutch
② Clatch
③ Break
④ Brake
⑤ Accelerator

21 혜린이는 건물 1층에서 맨 위층까지 올라가기 위해 엘리베이터를 탔다. 질량이 50kg인 혜린이가 엘리베이터 바닥에 놓인 저울 위에 서서 올라가는 동안 시간에 따른 엘리베이터의 속도가 다음과 같았다.

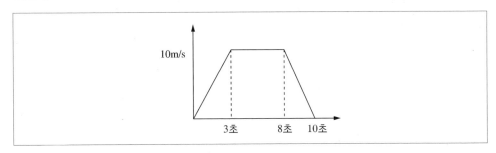

이에 대한 설명으로 적절한 것을 〈보기〉에서 모두 고르면?(단, 중력가속도는 $10m/s^2$ 이고 모든 저항력과 마찰력은 무시한다)

> **보기**
>
> ㄱ. 3초부터 8초 사이에 혜린이의 몸무게는 변함이 없다.
> ㄴ. 8초부터 10초 사이에 저울이 가리키는 눈금은 250N이다.
> ㄷ. 이 건물의 높이는 70m 이상이다.

① ㄱ, ㄴ

② ㄱ, ㄷ

③ ㄴ, ㄷ

④ ㄱ, ㄴ, ㄷ

⑤ ㄱ, ㄴ, ㄷ

22 다음과 같은 여러 가지 현상 중 작용 · 반작용과 관련 있는 것으로만 짝지어진 것은?

> ㉠ 두 사람이 얼음판 위에서 서로 밀면, 함께 밀려난다.
> ㉡ 배가 나무에서 떨어졌다.
> ㉢ 로켓이 연료를 뒤로 분사하면, 로켓은 앞으로 날아간다.
> ㉣ 버스가 갑자기 출발하면, 승객들은 뒤로 넘어진다.

① ㉠, ㉡

② ㉠, ㉢

③ ㉡, ㉢

④ ㉡, ㉣

⑤ ㉢, ㉣

23 다음 중 완전 충전된 납산 축전지의 양(+)극판에서 검출되는 성분(물질)은?

① 크롬산납   ② 납
③ 해면상납   ④ 질산납
⑤ 과산화납

24 물체 A는 가속도가 4m/s² 인 등가속도 운동을 하고 있다. 처음 속도가 5m/s일 때, 8초 후 속도와 8초 동안의 평균속도는?

	8초 후 속도	평균속도
①	37m/s	21m/s
②	37m/s	22m/s
③	37m/s	23m/s
④	44m/s	21m/s
⑤	44m/s	22m/s

25 다음 그림에서 2kg인 물체의 역학적에너지는?(단, 중력가속도는 10m/s² 이고, 공기 저항은 무시한다)

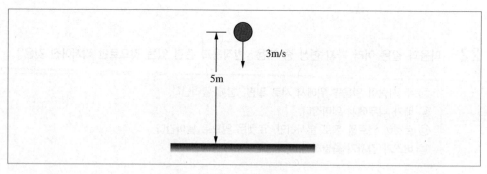

① 100J   ② 103J
③ 106J   ④ 109J
⑤ 112J

26 다음 그림에서 2kg인 진자가 A에서 B로 이동했을 때 감소한 운동에너지는?(단, 공기 저항은 무시한다)

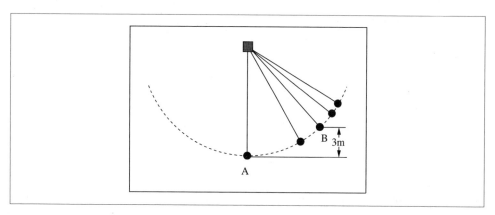

① 56.8J

② 57.8J

③ 58.8J

④ 59.8J

⑤ 60.8J

27 다음 그림과 같이 낙하하고 있는 질량 5kg인 공 A, B가 있다. 공 A는 지면으로부터 5m 떨어져 있고 공 B는 지면으로부터 2m 떨어져 있을 때, 두 공의 위치 에너지의 차이는?(단, 중력가속도의 크기는 $9.8m/s^2$이고, 공기저항은 무시한다)

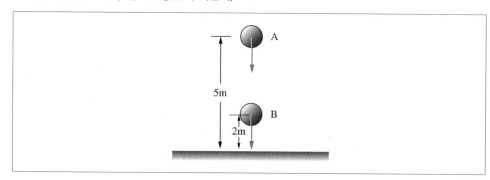

① 139J

② 143J

③ 147J

④ 151J

⑤ 154J

28 다음 중 기전력에 대한 설명으로 옳은 것은?

① 전기 저항의 역수
② 전류를 흐르게 하는 원동력
③ 도체에 흐르는 전류의 세기
④ 전기의 흐름
⑤ 전위의 차

29 다음 중 자동화재 탐지설비의 구성 요소가 아닌 것은?

① 비상콘센트
② 표시램프
③ 수신기
④ 감지기
⑤ 음향장치

30 다음 중 저항체의 필요조건이 아닌 것은?

① 고유 저항이 클 것
② 저항의 온도 계수가 작을 것
③ 구리에 대한 열기전력이 적을 것
④ 전압이 높을 것
⑤ 내구성이 좋을 것

31 다음 중 타이어의 구조 중 노면과 직접 접촉하는 부분은?

① 트레드
② 카커스
③ 비드
④ 숄더
⑤ 림

32 다음 중 실린더 벽이 마멸되었을 때 나타나는 현상으로 옳지 않은 것은?

① 블로바이 가스 발생

② 피스톤 슬랩 현상 발생

③ 압축압력 저하

④ 엔진오일의 희석 및 소모

⑤ 연료소모 저하 및 엔진 출력 저하

33 타이어의 스탠딩 웨이브 현상에 대한 설명으로 옳은 것은?

① 스탠딩 웨이브를 줄이기 위해 고속주행 시 공기압을 10% 정도 줄인다.

② 스탠딩 웨이브가 심하면 타이어 박리현상이 발생할 수 있다.

③ 스탠딩 웨이브는 바이어스 타이어보다 레이디얼 타이어에서 많이 발생한다.

④ 스탠딩 웨이브 현상은 하중과 무관하다.

⑤ 여름철보다는 겨울철에 자주 발생한다.

34 다음 그림은 버니어 캘리퍼스를 이용하여 어떤 나사의 직경을 측정한 결과이다. 이 나사의 직경은?(단, 화살표는 아들자와 어미자의 눈금이 일치하는 곳이다)

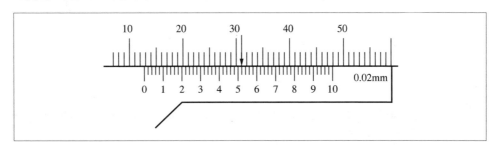

① 35.52mm

② 30.52mm

③ 15.52mm

④ 12.52mm

⑤ 10.52mm

35 다음 중 공기 현가장치의 특징으로 옳지 않은 것은?

① 압축공기의 탄성을 이용한 현가장치이다.

② 스프링 정수가 자동적으로 조정되므로 하중의 증감에 관계없이 고유 진동수를 거의 일정하게 유지할 수 있다.

③ 고유 진동수를 높일 수 있으므로 스프링 효과를 유연하게 할 수 있다.

④ 하중 증감에 관계없이 차체 높이를 일정하게 유지하며 앞뒤, 좌우의 기울기를 방지할 수 있다.

⑤ 공기 스프링 자체에 감쇠성이 있으므로 작은 진동을 흡수하는 효과가 있다.

36 유성기어 장치에서 선기어가 고정되고, 링기어가 회전하면 캐리어의 회전 상태는?

① 링기어보다 천천히 회전한다.

② 링기어 회전수와 같게 회전한다.

③ 링기어보다 1.5배 빨리 회전한다.

④ 링기어보다 2배 빨리 회전한다.

⑤ 링기어보다 3배 빨리 회전한다.

37 어떤 승용차의 타이어의 호칭 규격에 '205 / 60 R 18 95 W'라고 표시되어 있을 때, 이 타이어가 감당 가능한 최대 속도는?

① 210km/h   ② 240km/h

③ 270km/h   ④ 300km/h

⑤ 330km/h

38 디젤기관 및 가솔린 엔진과 가스연료 엔진을 비교한 것으로 옳지 않은 것은?

① 디젤기관과 비교하여 매연이 대폭 감소한다.

② 가솔린 엔진에 비해 일산화탄소와 이산화탄소가 30% 정도 감소한다.

③ 가솔린 엔진에 비해 옥탄가가 높다.

④ 엔진 소음은 큰 차이가 없다.

⑤ 디젤기관과 비교하여 오존 영향물질이 감소한다.

39 다음 중 회전 방향이 나머지와 다른 것은?

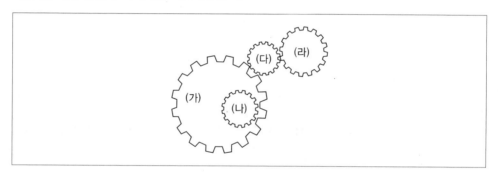

① (가) ② (나)

③ (다) ④ (라)

⑤ 모두 같다.

40 냉각수 용량이 30L인 신품 라디에이터에 물 15L를 넣을 수 있다면 이 라디에이터 코어의 막힘률은?

① 15% ② 33%

③ 50% ④ 66%

⑤ 200%

아이들이 답이 있는 질문을 하기 시작하면 그들이 성장하고 있음을 알 수 있다.

－존 J. 플롬프－

부록

회사상식

현대자동차 회사상식

1. 회사상식

회사명	현대자동차(주)
설립일	1967년 12월 29일
상장일	1974년 6월 28일
대표이사	정의선, 장재훈, 이동석
대표업종	자동차 제조업

2. 기업 이념

(1) 경영철학(Management Philosophy)

창의적 사고와 끝없는 도전을 통해 새로운 미래를 창조함으로써 인류 사회의 꿈을 실현한다.

(2) 비전(Vision)

자동차에서 삶의 동반자로

(3) 핵심가치

5대 핵심가치는 현대자동차의 조직과 구성원에게 내재되어 있는 성공 DNA이자 더 나은 미래를 향하여 새롭게 발전시키고 있는 구체적인 행동양식으로, 현대자동차는 5대 핵심가치를 통해 글로벌 기업의 위상에 맞는 선진문화를 구축하며 성공 DNA를 더욱 발전시켜 나갈 것이다.

고객 최우선 (Customer)	최고의 품질과 최상의 서비스를 제공함으로써 모든 가치의 중심에 고객을 최우선으로 두는 고객 감동의 기업 문화를 조성한다.
도전적 실행 (Challenge)	현실에 안주하지 않고 새로운 가능성에 도전하며 '할 수 있다'는 열정과 창의적 사고로 반드시 목표를 달성한다.
소통과 협력 (Collaboration)	타 부문 및 협력사에 대한 상호 소통과 협력을 통해 '우리'라는 공동체 의식을 나눔으로써 시너지효과를 창출한다.
인재존중 (People)	우리 조직의 미래가 각 구성원들의 마음가짐과 역량에 달려 있음을 믿고 자기계발에 힘쓰며, 인재존중의 기업문화를 만들어 간다.
글로벌 지향 (Globality)	문화와 관행의 다양성을 존중하며, 모든 분야에서 글로벌 최고를 지향하고 글로벌 기업시민으로서 존경받는 개인과 조직이 된다.

3. CSV(Creating Shared Value) 소개

(1) CSV 전략체계

① 비전

Progress for Humanity

② 미션

공유가치 창출(CSV)을 통한 사회 임팩트 확산과 지속가능한 기업 생태계 구축

③ 중점영역

- Earth : 지구와 사람의 공존을 위한 노력을 계속 하겠습니다.
  - 생태계 복원, 자원순환, 기후변화 대응, 생물다양성 보전활동
- Mobility : 자유로운 이동과 연결을 위한 노력을 계속 하겠습니다.
  - 이동약자 / 소외지역 이동 지원, 교통안전기술 지원, 미래 모빌리티 연계 활동
- Hope : 미래세대의 희망을 위해 노력을 계속 하겠습니다.
  - 미래세대 교육, 성장 지원, 인재 육성 활동

(2) 친환경

- 유럽 해양 생태계 복원 및 업사이클링 활동 : 해양 생태계를 복원하기 위한 해양 플라스틱 및 폐기물 수거 활동
- 아이오닉 포레스트 신시도 : 수도권의 미세먼지를 줄이기 위해 2016년부터 5년 동안 인천 수도권 매립지에 23,250그루의 나무를 심었으며, 교실 내 미세먼지를 줄이고 환경교육을 위해 2019년부터 2년 동안 수도권 초등학교와 교실에 교실 숲을 조성하는 사업을 진행
- 현대 그린존 프로젝트 : 중국의 황사 발원 지역인 내몽고 지역의 마른 알칼리성(소금) 호수를 초지로 복원하는 글로벌 생태 프로젝트

(3) 모빌리티

- 운전 재활 지원을 위한 가상 운전 시뮬레이터 : 운전에 대한 두려움을 극복하고 자신감을 향상시키는 가상현실 운전체험 사회공헌 프로그램
- 중동 모빌리티 활용 소외지역 지원 : 중동 지역의 빈부격차 해소 및 소외지역 지원을 위해 당사 모빌리티를 활용한 푸드뱅크 지원 활동
- 로보카폴리 교통안전 캠페인 : 어린이 교통안전을 위해 2011년 승·하차 및 사각지대 안전, 보행 안전, 자전거 안전, 신호등 표지판 교육 등의 내용을 담은 교육용 애니메이션 「폴리와 함께하는 교통안전 이야기」를 제작하여 약 82개국에 방영
- 통학사고 제로 캠페인 : 통학 시 어린이 교통사고 발생 방지를 위하여 안전 통학차량을 제공하는 통학사고 제로 캠페인
- 키즈 오토 파크 : 2009년 서울, 2019년 울산에 설립한 국내 최대 규모의 어린이 교통안전체험관
- 행복드림카 / 행복드림 버스 : 노인과 장애인 등 이동이 불편한 소외계층의 이동편의 향상을 위하여 울산, 아산, 전주, 남양 등 사업장이 위치한 지역 복지기관과 NGO단체에 차량을 제공하는 사업
- 사회적기업 ㈜이지무브 지원 : 현대자동차가 2010년에 출자하여 설립된 장애인과 노인의 복지차 및 이동보조기구를 생산하고 판매하는 사회적 기업 ㈜이지무브 지원
- 차카차카 놀이터 : 당사 브랜드인 '쏘나타' 출시 30주년을 기념하여 서울대공원 내에 설치한 자동차 테마 놀이터로 2015년 개장하여 2018년까지 운영

(4) 미래세대

- 북미 Hyundai Hope on Wheels : 1998년부터 현대자동차 미국판매법인이 딜러와 함께 진행한 소아암 연구 지원 캠페인
- 현대 드림센터 : 개발도상국의 청년들이 기술역량을 기를 수 있도록 하는 직업기술학교로 2013년 가나를 시작으로 인도네시아, 캄보디아, 베트남, 필리핀, 페루에 설립
- H-모빌리티 클래스 : 차량 전동화, 자율주행 등 미래 기술에 대한 이해 확산과 인재 육성을 위한 프로그램으로 2020년부터 국내 이공계 대학(원)생들을 위해 운영
- 미래자동차학교 : 2016년 교육부와 MOU 체결을 통해 시작된 중학교 자유학기제 미래자동차 학교로 청소년들이 이론과 실습, 체험을 통해 자동차 산업을 쉽게 이해하고, 관련 직업을 탐구해보는 특화 진로 교육 프로그램
- 브릴리언트 키즈 모터쇼 : 키즈 모터쇼는 아이들의 꿈으로 그려진 상상 자동차 그림을 모형으로 전시하여 관람객이 직접 체험할 수 있는 전시 행사로 국립과천과학관과 국립부산과학관에서 '제3회 브릴리언트 키즈모터쇼'를 개최

(5) 지역사회

- 페트라 세계문화유산 보존 지원 : 2018년부터 2020년까지 페트라 지역의 보전과 지역경제 활성화를 위한 지원 활동
- 해피무브 글로벌 청년봉사단 : 현대자동차그룹이 운영하는 국내 최대 규모의 글로벌 청년봉사단
- 임직원 봉사단 : 사업장 조직별로 구성된 131개의 임직원 봉사단
- H-셀프 나눔 플래너 : 직원의 자발적 기획으로 봉사활동이 실시되는 자기주도적 봉사활동
- 드림빌리지 프로젝트 : 현대자동차 인도법인(HMI)에서 시행한 프로젝트로 인도 지역의 마을 환경을 개선하고, 지역 주민들이 경제활동에 참여할 수 있도록 돕는 활동
- Dental Trailer : 현대자동차 브라질법인(HMB)에서 2014년부터 시행한 프로젝트로 노인, 어린이 등 지역 소외계층을 대상으로 무료 치과 치료 서비스 제공

4. 주요 연혁

- 1967년 : 현대모터주식회사 설립. 초대 회장 정주영
- 1968년 : 현대자동차(주)로 사명 변경, 울산공장 착공
- 1974년 : 기업공개
- 1975년 : 울산공장 준공
- 1984년 : 현대차 울산 종합주행시험장 준공
- 1989년 : 단일 차종 수출누계 100만 대 돌파
- 1990년 : 울산 제3공장 준공, 완주 상용차 공장 준공
- 1991년 : 한국 최초의 독자개발 알파엔진 출시, 전기자동차 개발
- 1993년 : 남양만 주행 시험장 준공
- 1995년 : 전주 상용차 공장 준공
- 1996년 : 남양 종합기술 연구소 준공

- 1997년 : 터키공장 준공, 입실론 엔진 독자 개발
- 1998년 : 기아자동차 매각 국제입찰에서 낙찰자로 선정, 인도 첸나이 현지공장 준공
- 1999년 : 기아자동차 인수, 현대자동차서비스 흡수합병, 현대정공 자동차 생산부문 양수
- 2000년 : 국내 최초 자동차 전문그룹인 현대자동차그룹 공식 출범, 국내 최초 대형 상용엔진 개발, 국내 최초 수소전기 자동차 개발
- 2001년 : 1톤 트럭 포터 내수시장 100만 대 돌파
- 2003년 : 세계최초 수소전기차용 초고압 수소저장 시스템 개발, 자동차업계 최초 '글로벌 환경경영' 공식 선포, 연간 수출 100만 대 돌파·100억 달러 수출의 탑 수상
- 2008년 : 체코 노쇼비체 공장 준공, 현대차 중국 베이징 제2공장 준공
- 2012년 : 현대차 중국 베이징 제3공장 준공
- 2015년 : 제네시스 별도의 브랜드로 독립
- 2022년 : 아이오닉 5와 넥쏘 런칭으로 일본 승용차 시장 재진출

5. 현대자동차그룹 인재상

도전	실패를 두려워하지 않으며, 신념과 의지를 가지고 적극적으로 업무를 추진하는 인재
창의	항상 새로운 시각에서 문제를 바라보며 창의적인 사고와 행동을 실무에 적용하는 인재
열정	주인의식과 책임감을 바탕으로 회사와 고객을 위해 헌신적으로 몰입하는 인재
협력	개방적 사고를 바탕으로 타 조직과 방향성을 공유하고 타인과 적극적으로 소통하는 인재
글로벌 마인드	타 문화의 이해와 다양성의 존중을 바탕으로 글로벌 네트워크를 활용하여 전문성을 개발하는 인재

정답 및 해설 p.054

01 다음 중 현대자동차가 경영철학을 뒷받침하는 비전으로 제시한 것은 무엇인가?

① 자동차에서 삶의 동반자로

② 혁신적 제품 및 서비스 제공

③ 세계 시장에서 혁신을 주도하는 글로벌 리더

④ 지속 가능한 공정거래 및 상생협력 문화의 확립

02 2023년 1월 유럽 안전성 평가(유로 NCAP)에서 대형 패밀리카 부문 '최우수(Best in Class)' 차량으로 선정된 현대자동차의 차종은 무엇인가?

① 넥쏘

② 아이오닉 6

③ 쏘나타 하리브리드

④ 싼타페 하리브리드

03 현대자동차에서 생산하고 있는 다음의 모델 중 최장수 차종은 무엇인가?

① 아반떼

② 그랜저

③ 엑센트

④ 쏘나타

04 다음 중 현대자동차의 고객 소통 채널의 명칭은 무엇인가?

① H-ear

② H-ombuds

③ H-relations

④ H-sympathy

05 다음 중 현대자동차에서 CSV(공유가치 창출) 전략체계 구축의 일환으로 제시한 CSV 구상(Initiative)을 표현한 용어는 무엇인가?

① Hyundai Procedure   ② Hyundai Continue

③ Hyundai Permanent   ④ Hyundai Alternative

06 미래 세대를 위한 CSV(공유가치 창출) 활동의 일환으로 현대자동차가 미국에서 펼치고 있는 소아암 연구 지원 캠페인의 명칭은 무엇인가?

① Vision Drive

② Hyundai Help for Kids

③ Safe Road Traffic Project

④ Hyundai Hope on Wheels

07 현대자동차는 차량 생산부터 폐기에 이르는 전체 과정에서 탄소를 감축하기 위한 정책들을 시행하고 있다. 이와 관련한 다음 설명의 빈칸에 공통으로 들어갈 내용으로 가장 적절한 것은?

> 전 세계적으로 기후변화에 대응하기 위한 노력이 가속화되면서 각국 정부는 탄소 배출 규제를 강화하고 있다. 특히 자동차는 지금까지 대기오염의 주범으로 지목되어 오고 있기 때문에 환경 규제의 일환으로 전생애 주기에 걸친 _____ 기준이 우선적으로 도입되고 있다. 이에 따라 현대자동차는 원료의 취득부터 운행, 폐기 및 재활용 단계까지 차량의 생애주기별 환경 영향을 파악하기 위해 _____을/를 수행하고 있다. 2020년 코나 EV에 대한 _____을/를 수행하며 평가 프로세스를 구축했고, 2021년에는 평가 차종을 확대하여 4개 차종에 대한 _____을/를 수행했다. 이를 통해 부문별 환경 영향을 파악·분석해 지속적으로 개선 과제를 찾아내고, 환경 영향을 최소화하기 위한 개선 활동을 적극적으로 시행할 계획이다.

① LCA   ② AAM

③ SOEC   ④ E-GMP

08 현대자동차의 모델 명칭에 대한 뜻풀이로 옳지 않은 것은?

① IONIQ(아이오닉) : 'Ion(이온)'과 'Unique(독창성)'의 조합어이다.

② VENUE(베뉴) : 인생에서 도달하고 싶은 장소·목표·지향점 등으로 이해할 수 있다.

③ NEXO(넥쏘) : 'New Era Expanded Open', 즉 '완전히 새로운 시대의 개막'을 뜻한다.

④ CASPER(캐스퍼) : 경차에 대한 기존의 고정관념을 탈피하려는 의지를 담은 명칭이다.

09 현대자동차의 CSV(공유가치 창출) 추진과 관련한 다음 글의 빈칸에 공통으로 들어갈 내용으로 적절한 것은?

현대자동차의 _____은/는 중국의 황사 발원 지역인 내몽골 지역의 마른 알칼리성(소금) 호수를 초지로 복원하는 글로벌 생태 프로젝트이다. 현대자동차는 2021년부터 중국녹화기금회와 함께 내몽골 우란차뿌 차이오중치의 사막화된 호수 및 주변 퇴화된 초원 지역 67만m²를 대상으로 현대 _____ 3차 사업을 시작했다. 3차 사업에서는 초원의 탄소 흡수량을 측정하는 연구를 진행하는 한편, 공익숲 조성 사업을 병행할 계획이다. 또한 중국부빈기금회와 함께 인근 저소득 마을 소득 증진을 위한 '탄소 제로 숙박촌'을 조성할 예정이다.

① 그린존 　　　　　　　　　　② 그린워싱
③ 그린뮤팅 　　　　　　　　　④ 그린카본

10 다음 중 현대자동차그룹이 운영하고 있으며, 전 세계를 대상으로 활동 중인 대학생 봉사단체의 명칭은 무엇인가?

① 해피콜 　　　　　　　　　　② 해피무브
③ 해피아워 　　　　　　　　　④ 해피 바이러스

11 다음 중 현대자동차의 인재상으로 옳지 않은 것을 모두 고르면?

㉠ 열정	㉡ 협력
㉢ 도전	㉣ 전문성
㉤ 실행력	㉥ 사회공헌

① ㉠, ㉡, ㉢ 　　　　　　　　② ㉡, ㉣, ㉤
③ ㉢, ㉣, ㉥ 　　　　　　　　④ ㉣, ㉤, ㉥

12 다음 중 현대자동차에서 제시한 핵심 가치(Core Value)로 옳은 것을 모두 고르면?

㉠ 글로벌 지향(Globality)	㉡ 원칙과 신뢰(Principles)
㉢ 고객 최우선(Customer)	㉣ 도전적 실행(Challenge)
㉤ 책임의식(Responsibility)	㉥ 소통과 협력(Collaboration)

① ㉠, ㉡, ㉢, ㉥
② ㉠, ㉢, ㉣, ㉥
③ ㉡, ㉢, ㉣, ㉤
④ ㉢, ㉣, ㉤, ㉥

13 현대자동차의 완성차 모델 중 첫 출시 연도가 가장 늦은 것은 무엇인가?

① 투싼
② 코나
③ 싼타페
④ 제네시스

14 다음 중 2022년 12월 일본에서 '2022 ~ 2023 올해의 수입차'로 선정된 모델은 무엇인가?

① 아이오닉 5
② 아반떼 하리브리드
③ 투싼 N Line 하이브리드
④ 디 올 뉴 코나 하이브리드

15 다음의 국내 현대모터스튜디오 소재지 중에 가장 먼저 개관된 곳은 어디인가?

① 하남시
② 고양시
③ 서울시
④ 부산시

많이 보고 많이 겪고 많이 공부하는 것은 배움의 세 기둥이다.

— 벤자민 디즈라엘리 —

최신판
2024

현대자동차
모빌리티

생산직

기술인력

실전모의고사 8회분

SDC

SDC는 시대에듀 데이터 센터의 약자로 약 30만 개의 NCS · 적성 문제 데이터를
바탕으로 최신 출제경향을 반영하여 문제를 출제합니다.

정답 및 해설

시대에듀

실전모의고사

끝까지 책임진다! 시대에듀!

QR코드를 통해 도서 출간 이후 발견된 오류나 개정법령, 변경된 시험 정보, 최신기출문제, 도서 업데이트 자료 등이 있는지 확인해 보세요! **시대에듀 합격 스마트 앱**을 통해서도 알려 드리고 있으니 구글 플레이나 앱 스토어에서 다운받아 사용하세요. 또한, 파본 도서인 경우에는 구입하신 곳에서 교환해 드립니다.

제1회 실전모의고사

01	02	03	04	05	06	07	08	09	10	11	12	13	14	15	16	17	18	19	20
③	③	③	⑤	③	②	③	③	②	③	③	③	①	③	①	⑤	②	②	⑤	②

21	22	23	24	25	26	27	28	29	30	31	32	33	34	35	36	37	38	39	40
③	①	③	⑤	②	①	④	④	⑤	⑤	②	④	④	②	①	④	①	①	①	②

01
정답 ③

16세기 말 그레고리력이 도입되기 전 프랑스 사람들은 3월 25일부터 4월 1일까지 일주일 동안 축제를 벌였다.

[오답분석]
① 만우절이 프랑스에서 기원했다는 이야기는 많은 기원설 중의 하나일 뿐, 정확한 기원은 알려지지 않았다.
② 프랑스는 16세기 말 그레고리력을 받아들이면서 달력을 새롭게 개정하였다.
④ 프랑스에서는 만우절에 놀림감이 된 사람들을 '4월의 물고기'라고 불렀다.
⑤ 프랑스의 관습이 18세기에 이르러 영국으로 전해지면서 영국의 만우절이 생겨났다.

02
정답 ③

할랄식품 시장의 확대로 많은 유통업계들이 할랄식품을 위한 생산라인을 설치 중이다.

[오답분석]
①·② 할랄식품은 엄격하게 생산·유통되기 때문에 일반 소비자들에게도 평이 좋다.
④ 세계 할랄 인증 기준은 200종에 달하고 수출하는 국가마다 별도의 인증을 받아야 한다.
⑤ 표준화되지 않은 할랄 인증 기준은 무슬림 국가들의 '수입 장벽'이 될 수 있다.

03
정답 ③

보기의 '벨의 특허와 관련된 수많은 소송'은 (나) 바로 뒤의 문장에서 언급하는 '누가 먼저 전화를 발명했는지'에 대한 소송을 의미한다. (다)의 앞부분에서는 이러한 소송이 치열하게 이어졌음을 이야기하지만, (다)의 뒷부분에서는 벨이 무혐의 처분과 함께 최초 발명자라는 판결을 받았음을 이야기한다. 따라서 소송이 종료되었다는 보기의 문장은 (다)에 들어가는 것이 가장 적절하다.

04
정답 ⑤

모든 1과 사원은 가장 실적이 많은 2과 사원보다 실적이 많고, 3과 사원 중 일부는 가장 실적이 많은 2과 사원보다 실적이 적다. 따라서 3과 사원 중 일부는 모든 1과 사원보다 실적이 적다.

05
정답 ③

A는 볼펜을 좋아하고, 볼펜을 좋아하는 사람은 수정테이프를 좋아한다.
따라서 A는 수정테이프를 좋아한다.

06

정답 ②

어떤 꽃은 향기롭고, 향기로운 꽃은 주위에 나비가 많고, 나비가 많은 꽃은 아카시아이다.
따라서 어떤 꽃은 아카시아이다.

07

정답 ③

톱니바퀴가 회전하여 다시 처음의 위치로 돌아오려면 적어도 두 톱니 수의 최소공배수만큼 회전해야 한다.
25와 35의 최소공배수를 구하면 $25=5^2$, $35=5\times7$이므로 $5^2\times7=175$이다.
따라서 A는 $175\div25=7$바퀴를 회전해야 한다.

08

정답 ③

전체 일의 양을 1이라고 하고, A, B, C가 하루에 할 수 있는 일의 양을 각각 $\dfrac{1}{a}$, $\dfrac{1}{b}$, $\dfrac{1}{c}$라고 하자.

$\dfrac{1}{a}+\dfrac{1}{b}=\dfrac{1}{12}$ ⋯ ㉠

$\dfrac{1}{b}+\dfrac{1}{c}=\dfrac{1}{6}$ ⋯ ㉡

$\dfrac{1}{c}+\dfrac{1}{a}=\dfrac{1}{18}$ ⋯ ㉢

㉠, ㉡, ㉢을 모두 더한 다음 2로 나누면 3명이 하루에 할 수 있는 일의 양을 구할 수 있다.

$$\dfrac{1}{a}+\dfrac{1}{b}+\dfrac{1}{c}=\dfrac{1}{2}\left(\dfrac{1}{12}+\dfrac{1}{6}+\dfrac{1}{18}\right)=\dfrac{1}{2}\left(\dfrac{3+6+2}{36}\right)=\dfrac{11}{72}$$

따라서 72일 동안 3명이 끝낼 수 있는 일의 양은 $\dfrac{11}{72}\times72=11$이므로 전체 일의 양의 11배이다.

09

정답 ②

10명을 일렬로 배열하는 방법의 수는 10!가지이고 각각에 대하여 서로 같은 경우가 5가지씩 있으므로 10명이 정오각형 모양의 탁자에 둘러앉는 방법의 수는 $\dfrac{10!}{5}$가지이다.

탁자의 각 변에 남자와 여자가 이웃하여 앉는 방법은 남자 5명을 테이블의 각 변에 한 명씩 앉힌 후 여자 5명을 남은 자리에 앉히고, 각 변의 남녀가 서로 자리를 바꾸는 경우를 생각하면 되므로 그 방법의 수는 $4!\times5!\times2^5$가지이다.

따라서 구하는 확률은 $\dfrac{4!\times5!\times2^5}{\dfrac{10!}{5}}=\dfrac{8}{63}$이다.

10

정답 ③

테니스 인원을 x명이라고 하자. 사용료에 관한 방정식을 구하면 다음과 같다.
$5,500x-3,000=5,200x+300$
→ $300x=3,300$
∴ $x=11$
따라서 인원은 11명이므로 사용료는 $5,200\times11+300=57,500$원이다.

11

정답 ③

- 다섯 사람이 일렬로 줄을 서는 경우의 수 : $5!=5\times4\times3\times2\times1=120$가지
- 현호, 진수가 양 끝에 서는 경우의 수 : $2\times$(민우, 용재, 경섭이가 일렬로 줄을 서는 경우의 수)$=2\times3!=12$가지

양 끝에 현호와 진수가 서는 확률은 $\dfrac{12}{120}=\dfrac{1}{10}$ 이다.

따라서 $a+b=11$이다.

12

정답 ③

일반 내용의 스팸 문자는 2021년 하반기 0.12통에서 2022년 상반기에 0.05통으로 감소하였다.

오답분석

① 제시된 자료에 따르면 2022년부터 성인 스팸 문자 수신이 시작되었다.
② 2021년 하반기에는 일반 스팸 문자가, 2022년 상반기에는 대출 스팸 문자가 가장 높은 비중을 차지했다.
④ 해당 기간 동안 대출 관련 스팸 문자가 가장 큰 폭(0.05)으로 증가하였다.
⑤ 전년 동분기 대비 2022년 하반기의 1인당 스팸 문자의 내용별 수신 수의 증가율은 $\dfrac{0.17-0.15}{0.15}\times100 ≒ 13.33\%$이므로 옳은
   설명이다.

13

정답 ①

오답분석

②   ③   ④   ⑤

14

정답 ③

도형을 좌우 반전하면 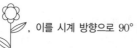 , 이를 시계 방향으로 90° 회전하면 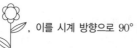이 된다.

15

정답 ①

- 1층 : $7\times3-1=20$개
- 2층 : $21-5=16$개
- 3층 : $21-9=12$개
- 4층 : $21-14=7$개
∴ $20+16+12+7=55$개

16

정답 ⑤

- Van : 승합차
- Ship : 배

17

정답 ②

오답분석

① Area

③ Check

④ Result

⑤ Past

18

정답 ②

오답분석

① Windshield

③ Roof

④ Fuel Tank

⑤ Passenger Seat

19

정답 ⑤

• 주차 브레이크(Parking Brake) : 주차 시 차량을 움직이지 않게 하는 제동장치로 사이드 브레이크라고도 한다.

20

정답 ②

두 물체의 운동 방정식은 $30N-20N=(3kg+2kg)a$이다.

따라서 가속도는 $a=\dfrac{10}{5}=2m/s^2$임을 알 수 있다.

21

정답 ③

막대의 중점은 15cm 지점이므로 받침점에서 5cm 떨어진 지점이다. 왼쪽 힘과 오른쪽 힘의 균형에 관한 식은 다음과 같다.

$40N\times10cm=$(막대무게)$\times5cm+10N\times20cm$

따라서 막대무게는 40N임을 알 수 있다.

22

정답 ①

받침점에서 작용점까지의 거리 : 받침점에서 힘점까지의 거리=지레에 가해주는 힘 : 물체의 무게

$20cm:40cm=F:10N$

따라서 지렛대를 수평으로 하기 위해 필요한 힘은 F=5N임을 알 수 있다.

23

정답 ③

지구에서의 위치 에너지는 지표면과 멀어질수록 증가하게 된다. 반대로 위치 에너지가 가장 작은 지점은 지면과 가장 가까이 있을 때이다.

24

정답 ⑤

R_2를 증가시키면 R_2에 흐르는 전류는 감소하고 반대로 R_3에 흐르는 전류는 증가하게 된다. R_2를 증가시키면 R_2와 R_3의 합성 저항이 커지므로 전체 합성 저항은 증가하고 R_1에 걸리는 전압은 감소하게 된다.

25

정답 ②

합성 저항$=4+\dfrac{4\times4}{4+4}=6\Omega$

$12V=I\times6\Omega$

따라서 현재 전류계에 흐르는 전류의 세기(I)는 2A이다.

26

정답 ①

가속도는 시간에 대한 속도 변화의 비율을 나타내는 양으로, 질량을 m, 가속도를 a, 힘을 F라고 하면 운동 방정식 F=ma가 성립한다. 그림에서 질량은 1kg이므로, 가속도 a는 힘 F와 같고, 서로 반대 방향으로 작용하는 힘 때문에 가속도의 크기는 $4m/s^2$가 된다.

27

정답 ④

그림은 자기장의 변화로 전류를 발생시키는 것이다. 전자기 센서는 금속 탐지기, 지하철 출입문 등이 그 예인데, 자기장의 영향으로 물질의 성질이 변하는 것을 이용하여 자기장을 측정하는 센서이므로, 그림과 같은 원리라고 할 수 있다.

28

정답 ④

모든 마찰과 저항을 무시할 경우 경사면과 상관없이 공이 지면에 도달하는 순간 속력은 모두 동일하다. 역학적에너지 보존 법칙(역학적에너지=위치에너지+운동에너지)에 따라 처음 출발할 때는 운동에너지가 0이고, 나중 지면에 도달한 순간은 위치에너지가 0이 된다(h=0m). 따라서 처음 위치에너지는 지면에 도달한 순간 모두 운동에너지로 전환되어 물체의 무게와 상관없이 같은 높이에서 속력이 같음을 알 수 있다.

> (처음 위치에너지)=(지면에서의 운동에너지) $\rightarrow$ $mgh=\dfrac{1}{2}mv^2$ $\rightarrow$ $v=\sqrt{2gh}$

29

정답 ⑤

직렬연결 전체저항은 $5\Omega+5\Omega=10\Omega$이며, 회로에 흐르는 전체전류는 $I=\dfrac{V}{R}=\dfrac{6V}{10\Omega}=0.6A$이다.

30

정답 ⑤

$\dfrac{E_2}{E_1}=\dfrac{N_2}{N_1}=\dfrac{I_1}{I_2}$ 이므로 $\dfrac{E_2}{350}=\dfrac{40}{1}$ 에서 $E_2=40\times350=14{,}000V$이다.

31

정답 ②

$12 \times 100 = 1,200W$

$1,200W = \dfrac{\dfrac{1}{735.5}PS}{1W} \fallingdotseq 1.63$

32

정답 ④

교류발전기와 직류발전기의 비교

기능(역할)	교류(AC)발전기	직류(DC)발전기
전류발생	스테이터	전기자(아마추어)
정류작용(AC → DC)	실리콘 다이오드	정류자, 러시
역류방지	실리콘 다이오드	컷아웃 릴레이
여자형성	로터	계자코일, 계자철심
여자방식	타여자식(외부전원)	자여자식(잔류자기)

33

정답 ④

모터(기동전동기)는 크게 직권식, 분권식, 복권식으로 분류할 수 있다.

34

정답 ②

판 스프링 구조
- 스팬(Span) : 스프링의 아이와 아이의 중심거리이다.
- 아이(Eye) : 주(Main) 스프링의 양 끝부분에 설치된 구멍을 말한다.
- 캠버(Camber) : 스프링의 휨 양을 말한다.
- 센터볼트(Center Bolt) : 스프링의 위치를 맞추기 위해 사용하는 볼트이다.
- U 볼트(U-bolt) : 차축 하우징을 설치하기 위한 볼트이다.
- 닙(Nip) : 스프링의 양 끝이 휘어진 부분이다.
- 섀클(Shackle) : 스팬의 길이를 변화시키며, 스프링을 차체에 설치한다.
- 섀클 핀(행거) : 아이가 지지되는 부분이다.

35

정답 ①

$(\text{조향 기어비}) = \dfrac{(\text{조향 핸들이 움직인 각도})}{(\text{피트먼 암의 작동각도})}$

36

정답 ④

아들자의 영점이 어미자 눈금의 33mm와 34mm 사이에 있다. 또한 아들자의 눈금과 어미자의 눈금이 일치하는 곳은 아들자 눈금 0.36mm 부분이므로 실린더의 두께는 33+0.36=33.36mm이다.

37

정답 ①

아들자의 영점이 어미자 눈금의 50mm와 51mm 사이에 있다. 또한 아들자의 눈금과 어미자의 눈금이 일치하는 곳은 아들자 눈금 0mm 부분이므로 회전축의 직경은 50+0=50mm이다.

38

정답 ①

여지 반사식 매연측정기의 시료 채취관을 배기관의 중앙에 오도록 하고 20cm 깊이로 삽입한다.

39

정답 ①

수랭식과 공랭식의 비교

구분	수랭식	공랭식
냉각효과	각 부분의 균일 냉각이 가능하며, 냉각능력이 크다.	균일 냉각이 곤란하며, 열변형을 일으키기 쉽다.
출력 및 내구성	압축비가 높고, 평균 유효압력 증대로 출력증가가 가능하다. 또한 열부하용량 증대로 내구성이 뛰어나다.	압축비가 낮고, 냉각팬 손실마력 등의 이유로 고출력화가 곤란하다.
중량 · 용량	냉각수 재킷, 방열기, 물 펌프 등이 필요하지만, 체적이 간소화된다.	냉각팬과 실린더 도풍커버 등이 필요하고, 체적이 커진다.
연비 · 엔진소비 · 마멸	• 열효율이 높고 연비가 좋으며, 열변형이 적고 오일 소비가 적다. • 저온에서는 마멸의 가능성이 있다.	• 연비 · 오일의 소비가 커지는 경향이 있으며, 오일의 고온열화가 있다. • 저온에서는 마멸이 적다.
소음	워터 재킷이 방음벽이 되며, 소음이 적다.	냉각팬 및 핀에 의한 소음이 크다.
보수	냉각수의 보수 및 점검이 필요하다.	보수 점검이 용이하다.

40

정답 ②

$$가속도(a)=\frac{\text{힘(F)}}{\text{질량(m)}}=\frac{1}{2}=0.5\text{m/s}^2$$

제2회 실전모의고사

01	02	03	04	05	06	07	08	09	10	11	12	13	14	15	16	17	18	19	20
④	⑤	①	①	④	④	④	③	④	④	②	④	②	②	②	⑤	⑤	③	①	④
21	22	23	24	25	26	27	28	29	30	31	32	33	34	35	36	37	38	39	40
④	①	④	④	③	①	⑤	④	④	②	①	③	④	①	②	①	⑤	①	②	②

01

정답 ④

사회 자본의 운용 방법은 제시문에서 확인할 수 없는 내용이다.

오답분석

① 세 번째 문단, ②·③ 두 번째 문단, ⑤ 마지막 문단에서 확인할 수 있다.

02

정답 ⑤

제시문은 투표 이론 중 합리적 선택 모델에 대해 말하고 있다. 합리적 선택 모델은 유권자들이 개인의 목적을 위해 투표를 한다고 본다. 따라서 투표 행위가 사회적인 배경을 무시할 수 없다는 반박을 제시할 수 있다.

오답분석

①·②·③·④ 지문의 내용과 일치하므로 적절한 주장이다.

03

정답 ①

보기의 '이 둘'은 제시문의 산제와 액제를 의미하므로 이 둘에 관해 설명하고 있는 위치에 들어가야 함을 알 수 있다. 또 상반되는 사실을 나타내는 두 문장을 이어 줄 때 사용하는 접속어 '하지만'을 통해 산제와 액제의 단점을 이야기하는 보기 문장 앞에는 산제와 액제의 장점에 관한 내용이 와야 함을 알 수 있다. 따라서 (가)에 들어가는 것이 적절하다.

04

정답 ①

빈칸의 다음 문장에서 '외래어가 넘쳐나는 것은 그간 우리나라의 고도성장과 절대 무관하지 않다.'라고 했다. 즉 '사회의 성장과 외래어의 증가는 관계가 있다.'는 의미이므로, 이를 포함하는 일반적 진술이 빈칸에 위치해야 한다.

05

정답 ④

- A : 에어컨을 과도하게 쓰다.
- B : 프레온 가스가 나온다.
- C : 오존층이 파괴된다.
- D : 지구 온난화가 진행된다.

첫 번째 명제는 ~C → ~B, 세 번째 명제는 ~D → ~C, 네 번째 명제는 ~D → ~A이므로 네 번째 명제가 도출되기 위해서는 빈칸에 ~B → ~A가 필요하다. ④는 그 대우 명제이다.

06

정답 ④

비가 옴=p, 한강 물이 불어남=q, 보트를 탐=r, 자전거를 탐=s라고 하면, 각 명제는 순서대로 $p \to q$, $\sim p \to \sim r$, $\sim s \to q$이다. 앞의 두 명제를 연결하면 $r \to p \to q$이고, 결론이 $\sim s \to q$가 되기 위해서는 $\sim s \to r$이라는 명제가 추가로 필요하다. 따라서 빈칸에 들어갈 명제는 ④이다.

07

정답 ④

(열차가 이동한 거리)=(열차의 길이)+(터널의 길이)이다.
열차의 길이와 속력을 각각 xm, ym/s라 하면
$x+50=10y$ … ㉠
$x+200=25y$ … ㉡
㉠과 ㉡을 연립하면
$-150=-15y \to y=10$
$\therefore x=50$
따라서 열차의 길이는 50m이다.

08

정답 ③

A는 8일마다 $\frac{1}{2}$씩 포장할 수 있으므로 24일 후에 남은 물품의 수는 다음과 같다.

처음	8일 후	16일 후	24일 후
512개	256개	128개	64개

B가 처음 받은 물품의 개수를 x개라고 하자. 24일 후에 B에게 남은 물품의 개수는 64개이고 2일마다 $\frac{1}{2}$씩 포장하므로 24일 동안 12번을 포장한다.

$x \times \left(\frac{1}{2}\right)^{12}=64 \to x \times 2^{-12}=2^6$

$\therefore x=2^{6+12}$

따라서 B는 처음에 2^{18}개의 물품을 받았다.

09

정답 ④

2시간에 180L를 부으려면 1분에 1.5L씩 부으면 된다. 즉, 30분 동안 부은 물의 양은 45L이고, 항아리에 있는 물의 양은 $180 \times \frac{1}{12}=15$L이므로 30분 동안 새어나간 물의 양은 $45-15=30$L이다. 그러므로 1분에 1L의 물이 새어나간 것을 알 수 있다.

남은 1시간 30분 동안 $180-15=165$L의 물을 채워야 하므로 1분에 붓는 물의 양을 xL라 하면

$(x-1) \times 90 \geq 165 \to x \geq \frac{17}{6}$

$\therefore x \geq 2.83\cdots$

따라서 1분에 최소 2.9L 이상의 물을 부어야 한다.

10

정답 ④

최소공배수를 묻는 문제이다. 18과 15의 최소공배수는 90이므로, 톱니의 수가 15개인 B톱니바퀴는 6바퀴를 회전해야 한다.

11

정답 ②

서진이와 민진이가 서로 이웃하여 앉을 확률은 $\dfrac{4! \times 2!}{5!} = \dfrac{2}{5}$ 이다.

따라서 서진이와 민진이 사이에 적어도 1명이 앉아 있을 확률은 $1 - \dfrac{2}{5} = \dfrac{3}{5}$ 이다.

12

정답 ④

2022년도에 세 번째로 많은 생산을 했던 분야는 일반기계 분야이므로, 일반기계 분야의 2020년도에서 2021년도의 변화율은

$\dfrac{4,020 - 4,370}{4,370} \times 100 \fallingdotseq -8\%$로 약 8% 감소하였다.

13

정답 ②

별도의 회전 없이 도형의 형태가 일치함을 확인할 수 있다.

14

정답 ②

오답분석

①  ③ ④ ⑤

15

정답 ②

- 1층 : $8 \times 3 - 3 = 21$개
- 2층 : $24 - 3 = 21$개
- 3층 : $24 - 9 = 15$개
- 4층 : $24 - 15 = 9$개
- $\therefore 21 + 21 + 15 + 9 = 66$개

16

정답 ⑤

오답분석

① Chase
② Introduce
③ Pass
④ Pay

17

정답 ⑤

오답분석

① 해안
② 우리
③ 초상화
④ 공간, 우주

18

- Engine : 엔진

19

- 보닛(Bonnet, Hood) : 자동차 엔진룸의 덮개

20

[오답분석]
① Neutral Gear
② Clutch
③ Wiper
⑤ Paddle Shift

21

진공 상태에서 물체가 떨어지는 속도는 무게의 영향을 받지 않고 높이와 중력가속도의 크기로 정해진다. 즉, 같은 높이에서 같은 크기의 중력가속도가 작용하여 지면에 도달할 때 속도가 같다. 따라서 지면에 도달하는 순간까지 걸리는 시간 또한 같다.

22

역학적 에너지는 보존되므로 위치 에너지가 가장 낮은(높이가 가장 낮은) A지점의 운동 에너지가 가장 높다.

23

각 점에서의 역학적 에너지는 마찰을 무시했으므로 모두 같다. 그리고 같은 높이에서는 위치 에너지가 같으며, 위치 에너지가 가장 낮은 C점에서 운동 에너지가 가장 크다.

24

b의 길이와 한 일의 양은 관계없으므로 한 일의 양은 변함이 없다.

[오답분석]
①・⑤ ㉠은 작용점으로 a, b의 길이와 관계없다.
② b가 길어질수록 힘은 적게 든다.
③ b의 길이와 한 일의 양은 관계 없으므로 한 일의 양은 변함이 없다.

25

- 열렸을 때 전압 : $V=IR=2\times(15+30)=90$

- 닫혔을 때 저항 : $R=15+\dfrac{1}{\dfrac{1}{30}+\dfrac{1}{30}}=30$

따라서 구하는 전압의 세기는 $90\div30=3A$이다.

26

정답 ①

먼저 병렬로 연결되어 있는 3개($2\,\Omega$, $4\,\Omega$, $6\,\Omega$)의 저항들 중 윗부분의 직렬로 연결된 두 전구 저항 합은 $R=2+4=6\,\Omega$이며,

이 두 저항과 $6\,\Omega$ 전구의 저항 합은 $R'=\dfrac{6\times 6}{6+6}=3\,\Omega$이다.

따라서 4개의 전구 전체 저항은 $R+R'=1+3=4\,\Omega$이 된다.

27

정답 ⑤

저항의 연결에서 병렬연결일 경우는 다음과 같은 식이 성립한다.

$$\frac{1}{R}=\frac{1}{R_1}+\frac{1}{R_2}+\frac{1}{R_3}=\frac{1}{2}+\frac{1}{2}+\frac{1}{2}$$

따라서 R(합성저항)$=\dfrac{2}{3}\,\Omega$이 된다.

28

정답 ④

전자기파는 전하를 띤 물체가 진동할 때 발생하는 것으로 매질이 없는 공간에서도 전파되며, 파장에 따라 전파, 가시광선, 적외선, X선으로 분류된다.

29

정답 ④

추의 무게는 지구가 추를 당기는 힘이다. 이의 반작용은 물체가 지구를 당기는 힘이다.

작용 · 반작용의 법칙
한 물체가 다른 물체에 힘(작용)을 가하면, 힘을 받은 물체도 힘을 가한 물체에 크기가 같고 방향이 반대인(반작용)을 가한다.

30

정답 ②

뉴턴의 운동 제2법칙(가속도의 법칙)은 $F=ma$이고 $a=\dfrac{F}{m}$이다.

따라서 $a_A=F$이고 $a_B=\dfrac{F}{2}$이므로 $a_A : a_B=2 : 1$이다.

31

정답 ①

(라디에이터 코어 막힘률)$=\dfrac{(신품용량)-(구품용량)}{(신품용량)}\times 100=\dfrac{15-12}{15}\times 100=20\%$

32

정답 ③

피스톤의 구비조건은 가볍고 열팽창률이 작으며, 열전도율이 높고 고온·고압의 폭발압력에 견디어야 한다.

피스톤의 구비조건
• 무게가 가벼울 것
• 고온 및 고압의 가스에 견딜 수 있을 것
• 열전도율이 우수할 것
• 열팽창률이 작을 것
• 블로 바이 현상이 적을 것
• 각 기둥의 피스톤 간 무게의 편차가 작을 것

33

타이어의 구조

- 트레드(Tread) : 지면과 직접 접촉하는 부위로서 타이어의 골격이 되는 카커스와 브레이커 벨트층의 외측에 강력한 고무층으로 되어 있다. 접지면의 문양에 따라 리브(Rib), 러그(Rug), 블록형 등이 있다.
- 브레이커(Breaker) : 트레드와 카커스의 중간 코드(벨트)층으로 외부로부터 오는 충격이나 내부코드의 손상을 방지한다.
- 카커스(Carcass) : 타이어의 골격을 이루는 강도가 큰 코드층으로 타이어의 하중, 충격 및 타이어의 공기압을 유지시켜 주는 역할을 한다.
- 비드(Bead) : 카커스 코드의 끝부분으로 타이어를 휠 림(Wheel Rim)에 고정하는 역할을 한다.
- 사이드월(Side Wall) : 타이어의 옆 부분으로 승차감을 유지시키는 역할을 한다.
- 튜브(Tube) : 타이어 내부의 공기압을 유지시키는 역할을 한다. 오늘날 대부분의 승용차용 타이어는 특수 설계하여 튜브없는 타이어(Tubeless)를 사용한다.

34

가솔린기관과 디젤기관의 비교

구분	가솔린기관	디젤기관
장점	• 소음, 진동이 거의 없으므로 정숙하다. • 마력 대비 중량비가 낮아서 마력 높이기가 쉽다. • 제작이 쉬우며 제조 단가가 낮다.	• 연소효율이 높아서 연비가 좋다. • 구조가 간단해서 잔고장이 없다.
단점	• 연소효율이 낮아서 디젤보다 연비가 낮다. • 구조가 복잡하여 잔고장이 많다.	• 자연착화 방식으로 인한 소음과 진동이 많다. • 마력 대비 중량비가 커서 엔진이 커진다. • 제작이 어렵고 단가가 높다.

35

축전지 2개를 직렬로 연결하면 한 축전지의 간극이 2배로 늘어나는 것과 같으므로 용량은 절반으로 줄어들지만 전체 전하량은 같으므로 전압은 2배로 증가한다.

36

전자제어 점화장치는 각종 센서의 신호를 받아 ECU가 점화 파워TR을 제어하여 점화코일을 작동시키는 구조로 이루어져 있다.

37

디스크 브레이크와 드럼 브레이크의 장점과 단점

구분	디스크 브레이크	드럼 브레이크
장점	• 디스크가 외부에 노출되어 있기 때문에 방열성이 좋아 빈번한 브레이크의 사용에도 제동력이 떨어지지 않는다. • 자기작동작용이 없으므로 좌우바퀴의 제동력이 안정되어 제동 시 한쪽만 제동되는 일이 적다. • 편 브레이크되는 일이 없다. • 디스크의 강한 원심력 때문에 수분과 불순물에 대한 저항성, 즉 자기 청소기능이 강하다. • 구조 및 조작이 간단하다. 따라서 패드 점검 및 교환이 용이하다. • 항상 예접촉이 되어 있으므로 브레이크 반응이 무척 빠르다.	• 외부로부터의 오물 등이 내부로 침투하기 어렵다. • 작동하지 않을 때에는 브레이크 슈와 드럼이 떨어져 있기 때문에 저항이 없다. • 제동력이 크다. • 제작 단가를 줄일 수 있다. • 라이닝 슈의 수명이 길다.

14 • 현대자동차 모빌리티 생산직 / 기술인력

| 단점 | • 우천 시 또는 진흙탕 등 사용조건에 영향을 받을 수 있다.
• 마찰면적이 작아서 패드를 압착시키는 힘을 크게 하여야 한다.
• 자기 배력작용을 하지 않기 때문에 브레이크 페달을 밟는 힘을 크게 하여야 한다.
• 브레이크 부스터(제동력을 배가시켜 주는 장치)를 사용해야 하며, 추가적인 구조를 필요로 한다.
• 구조상 가격이 다소 비싸다.
• 예접촉 및 큰 압착력으로 패드의 마모가 빠르다. 즉, 자주 교체해 주어야 한다. | • 드럼이 밀폐되어 있기 때문에 브레이크 슈의 찌꺼기가 고이게 된다.
• 브레이크 라이닝이 내부에 있기 때문에 외부사용 조건에는 영향을 받지 않으나 방열효과가 작다.
• 제동 시 각 바퀴마다 동적 평형이 깨지기 쉽다.
• 드럼브레이크에선 페이드 현상이 일어나게 된다.
• 드럼의 제동력이 더 크기 때문에 뒷바퀴로 가는 유압을 지연시켜주는 장치인 프로포셔닝밸브가 필요하다.
• 정비가 디스크 브레이크보다 복잡하다. 특히 라이닝 교체 작업 시에 숙련된 기술이 요구된다. |

38

정답 ①

$$T = \mu Pr = 0.3 \times 300 \times 0.4 = 36 \text{N} \cdot \text{m}$$

39

정답 ②

아들자의 영점이 어미자 눈금의 24mm와 25mm 사이에 있다. 또한 아들자의 눈금과 어미자의 눈금이 일치하는 곳은 아들자 눈금 0.4mm 부분이므로 나사의 직경은 24+0.4=24.4mm이다.

40

정답 ②

아들자의 영점이 어미자 눈금의 37mm와 38mm 사이에 있다. 또한 아들자의 눈금과 어미자의 눈금이 일치하는 곳은 아들자 눈금 0.42mm 부분이므로 실린더의 내경은 37+0.42=37.42mm이다.

01	02	03	04	05	06	07	08	09	10	11	12	13	14	15	16	17	18	19	20
⑤	①	①	④	④	④	③	③	②	①	①	①	④	③	③	③	③	②	④	②
21	22	23	24	25	26	27	28	29	30	31	32	33	34	35	36	37	38	39	40
④	⑤	②	③	③	④	③	③	①	②	③	①	①	②	④	③	②	③	③	②

01

정답 ⑤

제시문은 부모 사망 시 장애인 자녀의 안정적인 생활을 위해 가입할 수 있는 보험과 그와 관련된 세금 혜택 그리고, 부모 및 그 밖의 가족들의 재산 증여 시 받을 수 있는 세금 혜택에 대해 다루고 있으므로 글의 제목으로 가장 적절하다.

오답분석

① 제시문은 부모 사망 시 장애인 자녀가 직면한 상속의 어려움에 대해 언급하고 있지만, 구체적으로 유산 상속 과정을 다루고 있지는 않다.
② 제시문은 부모 사망 시 장애인 자녀가 받을 수 있는 세금 혜택을 다루고는 있으나, 단순히 '혜택'이라고 명시하기에는 글의 제목이 포괄적이므로 적절하지 않다.
③ 제시문은 부모 사망 시 장애인 자녀가 직면한 상속의 어려움과 생활 안정 방안에 대해 다루고 있으므로 '사회적 문제'는 글의 전체적인 제목으로 보기에는 적절하지 않다.
④ 제시문은 부모 사망 시 장애인 자녀가 받는 보험 혜택과 증여세 혜택보다는, 수령하는 보험금에 있어서의 세금 혜택과 보험금을 어떻게 수령하여야 장애인 자녀의 생활 안정에 유리한지, 또 상속세 및 증여세법에 의해 받는 세금 혜택이 무엇인지에 대해 다루고 있으므로 글의 내용 전체를 담고 있지 않아 적절하지 않다.

02

정답 ①

간접 경험에서 연민을 갖기 어렵다고 치더라도 고통을 대면하는 경우가 많아진 만큼 연민의 필요성이 커지고 있다. 따라서 이러한 주장을 현대인들이 연민을 느끼지 못한다는 것에 대한 반박으로 들 수 있다.

오답분석

②·③·⑤ 지문의 내용과 일치하는 주장이다.
④ 학자들이 주장하는 연민의 조건 중 하나로 반론으로는 적절하지 않다.

03

정답 ①

필자는 관상의 원리가 받아들일 만하다면, 얼굴이 검붉은 사람은 육체적 고생을 하지만, 실제로 주위에서 얼굴이 검붉지만 육체적 고생을 하지 않고 편하게 살아가는 사람을 얼마든지 볼 수 있다고 말한다. 즉, 필자는 '관상의 원리는 받아들일 만한 것이 아니다.'라고 주장함을 추론할 수 있다.

오답분석

ㄴ·ㄷ. 관상의 원리가 받아들일 만하다고 생각하는 사람에게는 옳지 않은 이야기다.

추론적 독해는 글에 드러나지 않은 부분을 추론하여 답을 도출해야 하기 때문에 사실적 독해 유형에 비해 난이도가 높다고 느끼는 경우가 많다. 그러나 글의 세부적 내용에 대한 이해가 기반이 된다는 점에서 본질은 같으므로, 선택지를 먼저 읽은 후 관련 내용을 확인하여 선택지의 적절성을 판단하고 답을 고르도록 한다.

04

정답 ④

제시문은 앞부분에서 언어가 사고능력을 결정한다는 언어결정론자들의 주장을 소개하고, 이어지는 문단에서 이에 대하여 반박하면서 우리의 생각과 판단이 언어가 경험에 의해 결정된다고 결론짓고 있다. 따라서 빈칸에 들어갈 문장은 언어결정론자들이 내놓은 근거를 반박하면서도 사고능력이 경험에 의해 결정된다는 주장에 위배되지 않는 내용이어야 한다.
따라서 풍부한 표현을 가진 언어를 사용함에도 인지능력이 뛰어나지 못한 경우가 있다는 내용이 들어가는 것이 적절하다.

05

정답 ④

제시된 명제를 정리하면 다음과 같다.
• 테니스 ○ → 가족 여행 ×
• 가족 여행 ○ → 독서 ○
• 독서 ○ → 쇼핑 ×
• 쇼핑 ○ → 그림 그리기 ○
• 그림 그리기 ○ → 테니스 ○
위 조건을 정리하면 '쇼핑 ○ → 그림 그리기 ○ → 테니스 ○ → 가족 여행 ×'이므로 ④가 옳다.

06

정답 ④

$p=$'도보로 걸음', $q=$'자가용 이용', $r=$'자전거 이용', $s=$'버스 이용'이라고 하면 $p \rightarrow \sim q$, $r \rightarrow q$, $\sim r \rightarrow s$이며, 두 번째 명제의 대우인 $\sim q \rightarrow \sim r$이 성립함에 따라 $p \rightarrow \sim q \rightarrow \sim r \rightarrow s$가 성립한다.
따라서 '도보로 걷는 사람은 버스를 탄다.'는 명제는 반드시 참이다.

07

정답 ③

의자의 개수를 x개, 사원 수를 y명이라 하면 다음 두 방정식이 성립한다.
$y=4\times(x-2)+1 \rightarrow y=4x-8+1 \rightarrow y=4x-7\cdots\bigcirc$
$y=3x+2\cdots\bigcirc\!\!\bigcirc$
$\bigcirc$에 y대신 $\bigcirc\!\!\bigcirc$을 대입하여 x를 구하면 $3x+2=4x-7$
$\therefore x=9$
따라서 의자 개수는 9개이므로 사원의 총인원은 $3\times9+2=29$명이다.

08

정답 ③

빨간 구슬의 개수를 x개, 흰 구슬의 개수를 $(15-x)$개라 하자. 이 때, 두 개의 구슬을 꺼내는 모든 경우의 수는 15×14개이고, 두 개의 구슬이 모두 빨간색일 경우의 수는 $x(x-1)$이다. 5회에 1번 꼴로 모두 빨간 구슬이었다면 확률은 $\dfrac{1}{5}$이다.

$\dfrac{x(x-1)}{15\times14}=\dfrac{1}{5}$

$\therefore x=7$

따라서 구하는 확률은 $\dfrac{7}{15}$이다.

09

정답 ②

a의 경우 7, 35, 91의 최대공약수 7이 되고, b의 경우 17, 34, 51의 최소공배수 $17 \times 2 \times 3 = 102$가 되면 $\dfrac{b}{a}$가 될 수 있는 가장 작은 값이 된다.

따라서 $\dfrac{b}{a} = \dfrac{102}{7}$ 이므로 $a + b = 7 + 102 = 109$이다.

10

정답 ①

정리함의 세로 길이를 a라고 할 때, 부피와의 관계식은 다음과 같다.

$28 \times a \times (27 - a) = 5,040 \rightarrow -a^2 + 27a = 180$
$\rightarrow (a - 12)(a - 15) = 0$

따라서 a는 12cm 또는 15cm이다.

이때 높이가 세로 길이보다 길다고 하였으므로 세로는 12cm임을 알 수 있다.

11

정답 ①

맨 앞의 할아버지와 맨 뒤의 할머니를 제외한 5명이 일렬로 서는 경우의 수를 구하면 된다.

따라서 구하는 경우의 수는 $5! = 120$가지이다.

12

정답 ①

내일 날씨가 화창하고 사흘 뒤 비가 올 모든 경우는 다음과 같다.

내일	모레	사흘 뒤
화창	화창	비
화창	비	비

• 첫 번째 경우의 확률 : $0.25 \times 0.30 = 0.075$
• 두 번째 경우의 확률 : $0.30 \times 0.15 = 0.045$

따라서 주어진 사건의 확률은 $0.075 + 0.045 = 0.12 = 12\%$이다.

13

정답 ④

도형을 시계 반대 방향으로 90° 회전한 것이다.

14

정답 ③

15

정답 ③

16

정답 ③

오답분석

① Society
② Background
④ Purpose
⑤ Ability

17

정답 ③

오답분석

① 불평하다
② 알아보다
④ 밝히다
⑤ 반복하다

18

정답 ②

• Passenger Seat : 조수석

19

정답 ④

• 루프(Roof) : 자동차 천장에 씌우는 덮개

20

정답 ②

오답분석

① Muffler
③ Fender
④ Side Mirror
⑤ Gear Shift

21

정답 ④

$F=ma$에서 m이 2kg이고, a가 $2m/s^2$이므로 힘의 크기는 4N이다.

22

탄성력은 F=kx이므로 탄성계수 k는 $\frac{4}{5}$=0.8N/cm이다.

따라서 용수철에 가해진 힘은 0.8×8=6.4N이다.

23

정답 ②

n=$\frac{100-80}{100}$×100=20J이므로, $\frac{50-40}{50}$×100=20에서 ㉠=50-40=10J이다.

24

정답 ③

시간 – 속도 그래프에서 기울기는 가속도를 나타낸다. A, B, C에 모두 같은 힘을 주었다고 했으므로 F=ma에서 가속도(기울기)가 크면 질량(m)이 작아져야 한다. 따라서 질량이 가장 큰 것은 가속도가 가장 작은 C임을 알 수 있다.

25

정답 ③

운동에너지$\left(\frac{1}{2}mv^2\right)$는 질량에 비례한다.

26

정답 ④

구간 A～C까지는 위치에너지가 점점 커지고 구간 D부터는 위치에너지에서 운동에너지로 전환된다.

27

정답 ③

힘(F)=질량(m)×가속도(a)

따라서 물체의 질량은 m=$\frac{F}{a}$=$\frac{8}{2}$=4kg이다.

28

정답 ③

저항이 30Ω일 때, 4=$\frac{V}{30}$이므로 V=120이다.

따라서 저항이 20Ω일 때 전류 I는 $\frac{120}{20}$=6A이다.

29

정답 ①

I=$\frac{V}{R}$=$\frac{10}{5}$=2A

30

정답 ②

회로에서의 전체저항은 $R=\dfrac{20}{2}=10\,\Omega$ 이다.

$$8+\cfrac{1}{\cfrac{1}{4}+\cfrac{1}{R_A}}=10 \rightarrow \frac{1}{4}+\frac{1}{R_A}=\frac{1}{2} \rightarrow \frac{1}{R_A}=\frac{1}{4}$$

따라서 $R_A=4\,\Omega$ 이다.

31

정답 ③

1PS는 약 $75\mathrm{kg}_f \cdot \mathrm{m/s}$ 이므로 계산하면 다음과 같다.

$(75\times9.8)\mathrm{N}\cdot\mathrm{m/s}$

$= (75\times9.8)\mathrm{J/s}$

$= (75\times9.8\times0.24)\mathrm{cal/s}$

$= \left(75\times9.8\times0.24\times3,600\times\dfrac{1}{1,000}\right)\mathrm{kcal/h}$

$= 635.04\mathrm{kcal}$

따라서 1PS는 약 $635.04\mathrm{kacl}$ 이다.

32

정답 ①

조도 $(\mathrm{E})=\dfrac{\mathrm{I}}{\mathrm{r}^2}$ 이므로 $\dfrac{20,000}{20^2}=50\mathrm{lx}$ 이다.

33

정답 ①

$1\mathrm{PS}=75\mathrm{kg}_f \cdot \mathrm{m/s}$ 이므로 $100\mathrm{PS}=7,500\mathrm{kg}_f \cdot \mathrm{m/s}$ 이다. 이는 $7,500\mathrm{kg}_f$ 의 물건을 1m 올리는 데 1초가 걸린다는 의미이다. 따라서 $2,500\mathrm{kg}_f$ 의 물체를 3m 올리는 데 필요한 일의 양은 $7,500\mathrm{kg}_f \cdot \mathrm{m}$ 이고 100PS는 1초 동안 $7,500\mathrm{kg}_f$ 의 물체를 1m 들어 올릴 수 있으므로 1초가 걸린다.

34

정답 ②

(실린더 1개의 배기량)=(실린더 1개의 행정체적)$=\dfrac{1,280}{4}=320\mathrm{cc}$ 이므로 압축비는 $\dfrac{320+40}{40}=9$ 이다.

35

정답 ④

제너 다이오드는 역방향에 가해지는 전압이 어떤 값에 이르면 정방향 특성과 같이 급격히 전류가 흐르게 되는 다이오드로서 정전압 회로에 사용된다.

36

정답 ③

안전 체크 밸브는 동력 조향장치가 고장 시 수동으로 원활한 조향이 가능하도록 한다.

37

정답 ②

일반적으로 브레이크 오일은 알코올의 일종인 에틸렌글리콜과 피마자유를 혼합하여 제조한다.

38

정답 ③

아들자의 영점이 어미자 눈금의 50mm와 51mm 사이에 있다. 또한 아들자의 눈금과 어미자의 눈금이 일치하는 곳은 아들자 눈금 0.9mm 부분이므로 나사의 길이는 50+0.9=50.9mm이다.

39

정답 ③

전자제어 제동장치에서 바퀴의 회전 및 회전속도, 고정 유무를 검출하는 것은 휠 스피드센서이다.

40

정답 ②

계기판 충전 경고등은 발전기 고장으로 인한 충전 불량 시 점등된다.

01	02	03	04	05	06	07	08	09	10	11	12	13	14	15	16	17	18	19	20
②	⑤	③	②	③	④	②	④	③	④	①	④	③	④	③	②	⑤	⑤	⑤	②
21	22	23	24	25	26	27	28	29	30	31	32	33	34	35	36	37	38	39	40
③	②	②	②	①	④	①	③	③	⑤	①	⑤	④	②	④	⑤	①	②	②	③

01
정답 ②

휘발유세 상승으로 인해 발생하는 장점들을 열거함으로써 휘발유세 인상을 정당화하고 있다.

02
정답 ⑤

마지막 문단에서는 UPS 사용 시 배터리를 일정 주기에 따라 교체해 주어야 한다고 이야기하고 있을 뿐, 배터리 교체 방법에 대해서는 알 수 없다.

오답분석

① 첫 번째 문단에 따르면 일관된 전력 시스템의 필요성이 높아짐에 따라 큰 손실과 피해를 야기할 수 있는 급격한 전원 환경의 변화를 방지할 수 있는 UPS가 많은 산업 분야에서 필수적으로 요구되고 있다.
② 두 번째 문단에 따르면 UPS는 일종의 전원 저장소로, 갑작스러운 전원 환경의 변화로부터 기업의 서버를 보호한다.
③ 세 번째 문단에 따르면 UPS를 구매할 때는 용량을 고려하여 필요 용량의 1.5배 정도인 UPS를 구입하는 것이 적절하다.
④ 마지막 문단에 따르면 가정용 UPS에 사용되는 MF배터리의 수명은 1년 정도이므로 이에 맞춰 주기적인 교체가 필요하다.

03
정답 ③

제시문은 최근 식도암 발병률이 늘고 있는데, H병원의 조사 결과를 근거로 식도암을 조기 발견하여 치료하면 치료 성공률을 높일 수 있다고 말하고 있다. 따라서 (라) 최근 서구화된 식습관으로 식도암이 증가 → (가) 식도암은 조기에 발견하면 치료 성공률을 높일 수 있음 → (마) H병원이 조사한 결과 초기에 치료할 경우 생존율이 높게 나옴 → (나) 식도암은 조기에 발견할수록 치료 효과가 높았지만 실제로 초기에 치료받는 환자의 수는 적음 → (다) 식도암을 조기에 발견하기 위해서 50대 이상 남성은 정기적으로 검사를 받을 것을 강조 순으로 연결되어야 한다.

04
정답 ②

보기의 문장은 우리나라 작물의 낮은 자급률을 보여주는 구체적인 수치이다. 따라서 우리나라 작물의 낮은 자급률을 이야기하는 '하지만 실상은 벼, 보리, 배추 등을 제외한 많은 작물의 종자를 수입하고 있어 그 자급률이 매우 낮다고 한다.' 뒤에 위치하는 것이 적절하다.

05
정답 ③

명제가 참이면 대우 명제도 참이다. 즉, '을이 좋아하는 과자는 갑이 싫어하는 과자이다.'가 참이면 '갑이 좋아하는 과자는 을이 싫어하는 과자이다.'도 참이다. 따라서 갑은 비스킷을 좋아하고, 을은 비스킷을 싫어한다.

06

D가 산악회 회원인 경우와 아닌 경우로 나누어보면 다음과 같다.

i) D가 산악회 회원인 경우

네 번째 조건에 따라 D가 산악회 회원이면 B와 C도 산악회 회원이 되며, A는 두 번째 조건의 대우에 따라 산악회 회원이
될 수 없다. 따라서 B, C, D가 산악회 회원이다.

ii) D가 산악회 회원이 아닌 경우

세 번째 조건에 따라 D가 산악회 회원이 아니면 B가 산악회 회원이 아니거나 C가 산악회 회원이어야 한다. 그러나 첫 번째
조건의 대우에 따라 C는 산악회 회원이 될 수 없으므로 B가 산악회 회원이 아님을 알 수 있다. 따라서 B, C, D 모두 산악회
회원이 아니다. 이때 최소 한 명 이상은 산악회 회원이어야 하므로 A는 산악회 회원이다.

따라서 항상 옳은 것은 ④이다.

07

전체 일의 양을 1이라고 하면 A, B가 1시간 동안 일할 수 있는 일의 양은 각각 $\frac{1}{2}$, $\frac{1}{3}$이다.

A 혼자 일하는 시간을 x시간, B 혼자 일하는 시간을 y시간이라고 하자.

$x+y=\frac{9}{4}$ … ㉠

$\frac{1}{2}x+\frac{1}{3}y=1$ … ㉡

㉠과 ㉡을 연립하면

$x=\frac{3}{2}$, $y=\frac{3}{4}$

따라서 A 혼자 일한 시간은 1시간 30분이다.

08

i) 의자 6개에 5명이 앉는 경우의 수 : $_6P_5=6\times5\times4\times3\times2=720$가지

ii) 여학생이 이웃하여 앉는 경우의 수 : $5!\times2=(5\times4\times3\times2\times1)\times(2\times1)=240$가지

따라서 여학생이 이웃하지 않게 앉는 경우의 수는 $720-240=480$가지이다.

09

수도 A, B가 1분 동안 채울 수 있는 물의 양은 각각 $\frac{1}{15}$L, $\frac{1}{20}$L이다.

수도 A, B를 동시에 틀어 놓을 경우 1분 동안 채울 수 있는 물의 양은 $\frac{1}{15}+\frac{1}{20}=\frac{7}{60}$L이므로,

30분 동안 $\frac{7}{60}\times30=3.5$L의 물을 받을 수 있고, 물통은 3개를 채울 수 있다.

10

A가 5회전을 하게 되면 총 이동 거리는 반지름 14cm에 대해 5회전 한 거리만큼 움직이게 되는데, C의 경우는 A의 반지름의
절반이고 맞물린 A와 총 이동 거리는 같아야 하므로 회전수는 2배가 되어야 한다. 따라서 10회전 하게 된다.

11

정답 ①

이 물건의 정가를 x원이라고 하면

$0.8x - 3,000 = 0.5x \rightarrow 0.3x = 3,000$

$\therefore x = 10,000$

따라서 정가는 10,000원이다.

12

정답 ④

5개월 동안 평균 외식비가 12만 원 이상 13만 원 이하일 때, 총 외식비는 12×5=60만 원 이상 13×5=65만 원 이하가 된다.

1월부터 4월까지 지출한 외식비는 110,000+180,000+50,000+120,000=460,000원이다.

따라서 A가 5월에 최대로 사용할 수 있는 외식비는 650,000−460,000=190,000원이다.

13

정답 ③

도형을 시계 방향으로 270° 회전하면 , 이를 시계 반대 방향으로 45° 회전하면 이 된다.

14

정답 ④

15

정답 ③

· 1층 : 5×4−3=17개

· 2층 : 20−4=16개

· 3층 : 20−7=13개

· 4층 : 20−12=8개

$\therefore$ 17+16+13+8=54개

16

정답 ②

[오답분석]

① 펼치다

③ 방지하다

④ 붓다

⑤ 제공하다

17
정답 ⑤

식당(Restaurant)과 가장 관련이 없는 단어는 정거장(Station)이다.

오답분석
① 계산원
② 웨이터(식당 종업원)
③ 예약
④ 주방장

18
정답 ⑤

• Battery : 배터리

19
정답 ⑤

수동변속 자동차의 페달 중 가장 오른쪽에 있는 페달은 가속기(Accelerator)이다.

20
정답 ②

보기에서 연결되어 있는 기어는 주차(Parking)이다.

21
정답 ③

(축전지의 용량)=(전류)×(시간) → (시간)=$\dfrac{(축전지의 용량)}{(전류)}=\dfrac{30}{2}=15$

따라서 열량이 30Ah인 전지를 2A의 전류로 15시간 사용할 수 있다.

22
정답 ②

정전압 다이오드는 '제너 다이오드'라고도 하며, PN접합의 역방향 특성을 이용한 다이오드이다. 역방향 전압을 천천히 올리면 PN접합부 주위에 전기력이 높아져 일정한 전압에 도달하여 큰 전류가 흐르게 된다.

오답분석
① 터널 다이오드 : 불순물 첨가 농도를 높여주면 접합 사이에서 터널 효과가 일어나는 다이오드
③ 쇼트키 베리어 다이오드 : n형 반도체와 금속을 접속시켜 금속 부분이 반도체와 같은 기능을 하도록 만든 다이오드
④ 바렉터 다이오드 : 전압을 역방향으로 가했을 경우 다이오드의 접합용량이 변화하는 다이오드
⑤ 감압 다이오드 : 압력에 의해 전압이나 전류 특성이 크게 변하는 다이오드

23
정답 ②

서로 반대되는 힘의 합력을 구하는 문제이다.
−10N+4N=−6N [(−)는 힘의 방향을 뜻한다]
뉴턴의 운동 제2법칙(가속도의 법칙)에 따라 $F = m \times a$
따라서 가속도의 크기는 $a = \dfrac{F}{m} = \dfrac{6}{3} = 2m/s^2$이다.

24
정답 ②

고정 도르래는 물체에 가해주는 힘의 방향을 바꿔주는 원리로 전류가 유도되는 원리와는 관계가 없다.

25

음악, 데이터 등의 디지털 정보를 저장하는 광디스크이다. 홈을 만들어 정보를 저장하고, 레이저 빛을 반사해 저장된 정보를 재생한다.

26

오답분석

ㄱ. 광통신은 유선 통신의 일종이다.

27

열효율(e)은 열기관에 공급된 열량에 대해 일로 전환된 비율이다.

$e = \dfrac{W}{Q_1} = \dfrac{Q_1 - Q_2}{Q_3} \times 100$ (Q_1 : 열기관에 공급된 열량, Q_2 : 외부로 방출한 열량)

따라서 열효율(e)은 $\dfrac{100-80}{100} \times 100 = 20\%$이다.

28

P=VI이므로 $I = \dfrac{P}{V} = \dfrac{60}{100} = 0.6A$

옴의 법칙에 따라 $R = \dfrac{V}{I} = \dfrac{100}{0.6} ≒ 167\,\Omega$

29

컨덕턴스 $G = \dfrac{1}{R}$, V=IR이므로

$V = I \times \dfrac{1}{G}\,[V]$

$\therefore\ V = 6V = 6 \times \dfrac{1}{0.5} = 12V$

30

전선 접속이 불완전할 경우 누전, 화재 위험, 저항 증가, 과열 발생, 아크 발생 등의 현상이 일어난다.

31

가속도 $a = \dfrac{V_2 - V_1(\text{변화된 속력})}{t(\text{걸린 시간})} = \dfrac{\frac{56-20}{3.6}}{10} = 1\text{m/s}^2$

∵ 1시간=3,600초, 1,000m=1km

32

(절대온도) ≒ (섭씨온도)+273이다.
따라서 절대온도는 83+273 ≒ 356K이다.

33

정답 ④

사이드 슬립 테스터는 옆 방향 미끄러짐을 측정하는 검사기이며 자동차가 1km 주행 시 타이어가 옆으로 미끄러지는 정도를 표시한다. 따라서 앞바퀴의 슬립량은 4m이다.

34

정답 ②

탄화수소(HC)는 엔진 자체 부조 등으로 인한 불완전연소 시 많이 발생한다.

35

정답 ④

인젝터나 점화코일에서 전류를 급격하게 차단 시 발생하는 역기전력을 서지전압이라고 한다.

36

정답 ⑤

세미 트레일링 암(Semi-trailing Arm) 방식의 장점과 단점

장점	단점
• 회전축의 각도에 따라 스윙 액슬형에 가깝기도 하고 풀 트레일링 암형이 되기도 한다. • 회전축을 3차원적으로 튜닝할 수가 있다.	• 타이어에 횡력이나 제동력이 작용될 때 연결점 부위에 모멘트가 발생하여 이것이 타이어의 슬립 앵글을 감소시켜 오버스티어 현상을 만든다. • 차동기어(Differential Gear)가 서스펜션 바 위에 고정되기 때문에 그 진동이 서스펜션에 전달되므로 차단할 필요성이 있다. • 부품 수가 많고 고비용이다.

37

정답 ①

$(압력) = \dfrac{(작용하는 \ 힘)}{(면적)}$ 이므로 $\dfrac{100}{\dfrac{\pi \times 2^2}{4}} = 32\text{kg}_f/\text{cm}^2$ 이다.

38

정답 ②

$(최소회전반경) = \dfrac{(축거)}{\sin\alpha} + (바퀴접지면 \ 중심과 \ 킹핀과의 \ 거리)$ 이고 $\alpha = 42°$이므로 $\sin 42° = 0.67$이다.

따라서 최소회전반경은 $\dfrac{1.5}{0.67} + 0.3 = 2.538\text{m}$이다.

39

정답 ②

현가장치는 주행 시 발생하는 진동을 감쇄하여 운전자에게 쾌적한 운전 환경을 제공하는 장치로써 바퀴에 생기는 구동력, 제동력, 원심력에 잘 견딜 수 있도록 수평 방향의 연결이 견고하여야 한다.

40

정답 ③

아들자의 영점이 어미자 눈금의 62mm와 63mm 사이에 있다. 또한 아들자의 눈금과 어미자의 눈금이 일치하는 곳은 아들자 눈금 0.6mm 부분이므로 실린더의 외벽의 두께는 62+0.6=62.6mm이다.

제5회 실전모의고사

01	02	03	04	05	06	07	08	09	10	11	12	13	14	15	16	17	18	19	20
①	②	①	①	①	③	②	④	③	④	⑤	③	①	①	①	⑤	②	⑤	④	④

21	22	23	24	25	26	27	28	29	30	31	32	33	34	35	36	37	38	39	40
②	②	④	①	①	④	②	①	②	③	①	③	②	③	③	②	③	①	①	①

01
정답 ①

프리드만의 '우주는 극도의 고밀도 상태에서 시작돼 점차 팽창하면서 밀도가 낮아졌다.'라는 이론과 르메트르의 '우주가 원시 원자들의 폭발로 시작됐다.'라는 이론은 두 가지가 서로 성립하는 이론이다. 따라서 프리드만의 이론과 르메트르의 이론은 양립할 수 없는 관계라는 해석은 제시문에 대한 이해로 적절하지 않다.

02
정답 ②

글의 핵심 논점을 잡으면 첫째 문단의 끝에서 '제로섬(Zero-sum)적인 요소를 지니는 경제 문제'와 둘째 문단의 끝에서 '우리 자신의 수입을 보호하기 위해 경제적 변화가 일어나는 것을 막거나 혹은 사회가 우리에게 손해를 입히는 공공정책이 강제로 시행되는 것을 막기 위해 싸울 것'에 대한 것이 핵심 주장이다. 따라서 이 글은 사회경제적인 총합이 많아지는 정책, 즉 '사회의 총생산량이 많아지게 하는 정책이 좋은 정책'이라는 주장에 대한 비판이라고 할 수 있다.

03
정답 ①

광고를 단순히 상품 판매 도구로만 보지 않고, 문화적 차원에서 소비자와 상품 사이에 일어나는 일종의 담론으로 해석하여 광고라는 대상을 새로운 시각으로 바라보고 있다.

04
정답 ①

앞부분에서 위기 상황을 제시해 놓았고, 뒷부분에서는 인류의 각성을 촉구하는 내용을 다루고 있다. 앞뒤의 내용을 논리적으로 자연스럽게 연결시키기 위해서는 각성의 당위성을 이끌어내는 데 필요한 전제가 들어가야 하므로 빈칸에는 ①이 적절하다.

05
정답 ①

'곰'은 p, '책'은 q, '기타'는 r, '그것'은 s라고 하자.
제시된 명제를 정리하면
• 첫 번째 명제 : $p \rightarrow \sim q$
• 두 번째 명제 : $\sim r \rightarrow q$
• 세 번째 명제 : $s \rightarrow \sim r$
첫 번째 명제의 대우 명제인 $q \rightarrow \sim p$도 참이다. 즉, $s \rightarrow \sim r \rightarrow q \rightarrow \sim p$가 성립하므로 $s \rightarrow \sim p$는 참인 명제이다.
따라서 '그것은 곰이 아니다'는 참인 명제이다.

06

C사원은 10개의 도장에서 2개의 도장이 모자라므로 현재 8개의 도장을 모았으며, A사원은 C사원보다 1개의 도장이 적으므로 현재 7개의 도장을 모은 것을 알 수 있다. 또한 B사원은 A사원보다 2개 적은 5개의 도장을 모았으며, D사원은 무료 음료 한 잔을 포함하여 3잔을 주문하였으므로 10개의 도장을 모은 쿠폰을 반납하고, 새로운 쿠폰에 2개의 도장을 받았음을 추론할 수 있다. 따라서 D사원보다 6개의 도장을 더 모은 E사원은 8개의 도장을 받아 C사원의 도장 개수와 동일함을 알 수 있다.

07

ⅰ) 흰 공이 나오고 앞면이 3번 나올 확률 : $\dfrac{3}{5} \times {}_3C_3 \times \left(\dfrac{1}{2}\right)^3 = \dfrac{3}{40}$

ⅱ) 검은 공이 나오고 앞면이 3번 나올 확률 : $\dfrac{2}{5} \times {}_4C_3 \times \left(\dfrac{1}{2}\right)^4 = \dfrac{1}{10}$

따라서 구하는 확률은 $\dfrac{3}{40} + \dfrac{1}{10} = \dfrac{7}{40}$ 이다.

08

$$\dfrac{10\times2+30\times5+20\times3.5}{10+30+20} = \dfrac{240}{60} = 4$$

따라서 전체 평균 평점은 4점이다.

09

최소공배수를 묻는 문제이다. 원의 둘레는 $2\times r\times$(반지름)이므로,
ⅰ) A롤러가 1회전 할 때 칠할 수 있는 면적 : $2\times r\times5\times$(너비)
ⅱ) B롤러가 1회전 할 때 칠할 수 있는 면적 : $2\times r\times1.5\times$(너비)
원주율인 r과 롤러의 너비는 같으므로 소거하면, A롤러는 10, B롤러는 3만큼의 면적을 칠한다.
따라서 처음으로 같은 면적을 칠하기 위해 A롤러는 3바퀴, B롤러는 10바퀴를 칠해야 한다.

10

능률은 쉬는 시간을 제외한 시간에서 한 시간 동안 딴 감귤의 개수라고 하였으므로, 유진이의 능률은 $90 \div \dfrac{70}{60} = 77$개, 은미는 $95 \div \dfrac{90}{60} = 63$개이다.

따라서 은미가 농장에서 일한 능률은 유진이의 능률의 $\dfrac{63}{77} \times 100 = 81.8181\cdots = 81\%$이다.

11

ⅰ) 7명의 학생이 원탁에 앉는 경우의 수 : $(7-1)! = 6!$가지
ⅱ) 7명의 학생 중 여학생 3명이 원탁에 이웃해서 앉는 경우의 수 : $(5-1)! \times 3!$가지

따라서 7명의 학생 중 여학생 3명이 원탁에 이웃해서 앉는 확률은 $\dfrac{4! \times 3!}{6!} = \dfrac{1}{5}$이다.

12

정답 ③

A사원이 만약 $50m^3$의 물을 사용했을 경우 수도요금은 기본료를 제외하고 $30 \times 300 + 20 \times 500 = 19,000$원이다.

즉, 총 요금인 17,000원보다 많으므로 사용한 수도량은 $30m^3$ 초과 ~ $50m^3$ 이하이다.

$30m^3$을 초과한 양을 $x\,m^3$라고 하면 다음과 같다.

$2,000 + 30 \times 300 + x \times 500 = 17,000 \rightarrow 500x = 17,000 - 11,000$

$\therefore x = \dfrac{6,000}{500} = 12$

따라서 A사원이 한 달 동안 사용한 수도량은 $30 + 12 = 42m^3$이다.

13

정답 ①

제시된 도형을 시계 반대 방향으로 90° 회전한 것이다.

14

정답 ①

15

정답 ①

• 1층 : $4 \times 5 - 1 = 19$개
• 2층 : $20 - 6 = 14$개
• 3층 : $20 - 8 = 12$개
• 4층 : $20 - 10 = 10$개
∴ $19 + 14 + 12 + 10 = 55$개

16

정답 ⑤

박물관(Museum)과 가장 관련이 없는 단어는 학교(School)이다.

오답분석

① 전시품
② 큐레이터
③ 유물
④ 가이드

17

정답 ②

Difficult와 Hard 모두 '어렵다'를 의미한다.

오답분석

① 말하다
③ 대화하다
④ 끝나다
⑤ 시작하다

18

• 윈드실드(Windshield) : 자동차의 앞유리

19

• Side Mirror : 후사경, 사이드미러

20

오답분석
① Accelerator Pedal
② Diesel
③ Fog Lamp
⑤ Turn Signal

21

오답분석
㉠ 물체는 움직이지 않으므로 물체의 합력은 0이다.
㉡ 물체에 작용하는 힘은 철수가 물체를 당기는 힘과 영수가 물체를 당기는 힘으로서 서로 작용점이 같고, 힘의 평형 관계에 있다.

22

1N의 힘을 가할 때 2cm 늘어난다. 따라서 10cm 늘어나려면 5N의 힘이 작용해야 한다.

23

나. 파장은 마루 ~ 다음 마루 또는 골 ~ 다음 골까지의 거리이다.
다. 파동의 속력은 파장×진동수이다.

오답분석
가. 파동의 진폭은 중심으로부터 마루 또는 골까지의 거리이다. 따라서 진폭은 0.1m가 된다.

24

$Q=cm\triangle T$에서, 열량을 온도변화로 나눈 값은 그 물체의 열용량이 된다. 그런데 셋 모두 같은 물질인 물이므로 비열이 같아서, 열용량은 질량에 비례한다. 따라서 열용량이 가장 작은 A가 질량이 가장 작다.

25

(가)는 보강 간섭, (나)는 상쇄(소멸) 간섭이다.

26

발광 다이오드는 p형 반도체와 n형 반도체를 접합하여 만든 것으로 p-n형과 n-p형이 있다. 한쪽 방향으로만 전류가 흐르고, 전류가 흐를 때 빛을 방출한다.

27

정답 ②

행성의 공전 속도는 태양과 가까워지면 빨라지고 멀어지면 느려지므로 이 행성의 공전 속도는 B에서 가장 빠르고, D에서 가장 느리다.

28

정답 ①

스위치를 닫으면 구리 고리를 통과하는 자기력선속이 증가한다. 렌츠의 법칙에 의해 구리 고리를 통과하는 자기력선속의 증가를 방해하는 방향으로 유도 기전력이 생기고 유도 전류가 흐른다. 따라서 다음 그림과 같이 각 구리 고리와 코일 사이에는 척력이 작용하여 구리 고리가 코일에서 멀어진다.

29

정답 ②

전구의 저항은 $R=\dfrac{V}{I}=\dfrac{8V}{4A}=2\Omega$ 이다.

30

정답 ③

누름나사를 덜 죄었을 때 접속이 불완전하게 되어 저항이 증가하면 과열과 화재위험, 전파 잡음이 생길 수 있다.

31

정답 ①

R-134a는 R-12를 대체하기 위하여 개발된 냉매이다. 냉동능력은 기존에 비해 약 10% 뒤떨어지지만 지구 오존층에 피해를 주지 않는다.

32

정답 ③

$[\text{스프링 정수}(k)]=\dfrac{[\text{작용하중}(w)]}{[\text{처짐량}(s)]}$ 이므로 $2=\dfrac{w}{30}$ 이다.

따라서 필요한 힘의 크기는 $w=2\times30=60\text{kg}_f$ 이다.

33

정답 ②

묽은 황산 1L의 비중이 1.280이고 물의 밀도는 1g/cm^3 이므로 묽은 황산 1L의 질량은 $1,000\times1.280=1,280\text{g}$이다. 이 중 35%가 황산이므로 물은 $1,280\times0.65=832\text{g}$ 들어있다.

34

정답 ③

$1\text{atm}=1.0332\text{kgf/cm}^2=10.332\text{mAq}=1.01325\text{bar}=101,325\text{Pa}=760\text{mmHg}$

35

정답 ③

$PS=\dfrac{F\times V}{75}=\dfrac{80\times30\times0.2}{75}=6.4PS$

36

정답 ②

오후 1시 20분에 출발하여 오후 3시 8분에 도착하였으므로 이동시간은 1시간 48분이다.

따라서 평균주행속도는 $\dfrac{187.2}{1.8}=104\text{km/h}$이다.

37

정답 ③

$\dfrac{1}{2}mv^2=\mu mgd$이므로 $d=\dfrac{v^2}{2\mu g}=\dfrac{10^2}{2\times0.5\times9.8}\fallingdotseq10.2\text{m}$이다.

[다른풀이]

$S_b=\dfrac{v^2}{254\mu}$이고 $10\text{m/s}=36\text{km/h}$이므로 제동거리는 $\dfrac{36^2}{254\times0.5}\fallingdotseq10.2\text{m}$이다.

38

정답 ①

윤중은 자동차가 수평으로 있을 때 1개의 바퀴가 지면을 수직으로 누르는 힘(무게)을 일컫는다.

39

정답 ①

거버너(조속기)는 분사하는 연료의 양을 조정하고 타이머는 분사시기를 조정한다.

40

정답 ①

외접 기어는 회전 방향이 반대이고, 내접 기어는 회전 방향이 같다.

제6회 실전모의고사

01	02	03	04	05	06	07	08	09	10	11	12	13	14	15	16	17	18	19	20
④	②	④	⑤	⑤	④	③	②	④	③	③	④	⑤	③	③	②	①	①	⑤	④
21	22	23	24	25	26	27	28	29	30	31	32	33	34	35	36	37	38	39	40
④	④	④	①	④	③	②	④	④	②	④	①	③	①	①	④	④	①	②	②

01
정답 ④

제시문은 국제사회에서의 개인의 위상과 국력의 관계를 통하여 국력의 중요성을 말하고 있다.

02
정답 ②

첫 번째 문장에서는 신비적 경험이 살아갈 수 있는 힘으로 밝혀진다면 그가 다른 방식으로 살아야 한다고 주장할 근거는 어디에도 없다고 하였으며, 이어지는 내용은 신비적 경험이 신비주의자들에게 살아갈 힘이 된다는 근거를 제시하고 있다. 따라서 보기 중 빈칸에 들어갈 내용으로는 '신비주의자들의 삶의 방식이 수정되어야 할 불합리한 것이라고 주장할 수 없다.'가 가장 적절하다.

03
정답 ④

제시문은 '원님재판'이라 불리는 죄형전단주의의 정의와 한계, 그리고 그와 대립되는 죄형법정주의의 정의와 탄생, 그리고 파생원칙에 대하여 설명하고 있다. 첫 단락에서는 '원님재판'이라는 용어의 원류에 대해 설명하고 있으므로 이어지는 문단으로는 원님재판의 한계에 대해 설명하고 있는 (다)가 오는 것이 적절하다. 따라서 (다) 원님재판의 한계와 죄형법정주의 → (가) 죄형법정주의의 정의 → (라) 죄형법정주의의 탄생 → (나) 죄형법정주의의 정립에 따른 파생원칙의 등장의 순서로 배열하는 것이 적절하다.

04
정답 ⑤

도요타 자동차는 소비자의 관점이 아닌 생산자의 관점에서 문제를 해결하려다 소비자들의 신뢰를 잃게 됐다. 따라서 기업은 생산자가 아닌 소비자의 관점에서 문제를 해결하기 위해 노력해야 한다.

05
정답 ⑤

'회계팀 팀원'을 p, '회계 관련 자격증을 가지고 있다.'를 q, '돈 계산이 빠르다.'를 r이라고 하면, 첫 번째 명제는 $p \rightarrow q$이며, 마지막 명제는 $\sim r \rightarrow \sim p$이다. 이때, 마지막 명제의 대우는 $p \rightarrow r$이므로 마지막 명제가 참이 되기 위해서는 $q \rightarrow r$이 필요하다. 따라서 빈칸에 들어갈 명제는 $q \rightarrow r$의 대우에 해당하는 ⑤이다.

06
정답 ④

'낡은 것을 버리다.'를 p, '새로운 것을 채우다.'를 q, '더 많은 세계를 경험하다.'를 r이라고 하면, 첫 번째 명제는 $p \rightarrow q$이며, 마지막 명제는 $\sim q \rightarrow \sim r$이다. 이때, 첫 번째 명제의 대우는 $\sim q \rightarrow \sim p$이므로 마지막 명제가 참이 되기 위해서는 $\sim p \rightarrow \sim r$이 필요하다. 따라서 빈칸에 들어갈 명제는 $\sim p \rightarrow \sim r$의 ④이다.

07

정답 ③

총무팀에서 테이프와 볼펜, 메모지를 각각 40개 이상을 총예산 15만 원 안에서 구입할 계획이다. 볼펜을 가장 많이 살 때, 구입 가능한 볼펜의 최소 개수를 구하기 위해 모든 품목을 한 개씩 묶음으로 구입할 수 있는 금액을 총예산에서 제외한 나머지 예산으로 경우의 수를 나열한다. 한 묶음의 가격은 $1,100+500+1,300=2,900$원이며, 총예산에서 $150,000÷2,900≒51.72$묶음, 즉 51개씩 구입할 수 있다. 따라서 나머지 금액인 $150,000-2,900×51=2,100$원으로 구입 가능한 경우는 다음과 같다.

- 테이프 1개, 볼펜 2개 구입 : $1,100+2×500=2,100$원
- 메모지 1개, 볼펜 1개 구입 : $1,300+500=1,800$원 (300원 남음)
- 볼펜 4개 구입 : $4×500=2,000$원 (100원 남음)

따라서 구매 물품 중 볼펜을 가장 많이 구입할 때, 구입 가능한 볼펜의 최소 개수는 첫 번째 경우로 $51+2=53$개이다.

08

정답 ②

갑과 을이 한 시간 동안 만들 수 있는 곰 인형의 수는 각각 $\frac{100}{4}=25$개, $\frac{25}{10}=2.5$개이다.

함께 곰 인형 132개를 만드는 데 걸린 시간을 x시간이라고 하자.

$(25+2.5)×0.8×x=132 \rightarrow 27.5x=165$

$\therefore x=6$

따라서 곰 인형을 만드는 데 6시간이 걸린다.

09

정답 ④

A제품의 생산 개수를 x개, B제품의 생산 개수는 $(40-x)$개라고 하자.

- $3,600×x+1,200×(40-x)≤120,000 \rightarrow x≤30$
- $1,600×x+2,000×(40-x)≤70,000 \rightarrow x≥25 \rightarrow 25≤x≤30$

따라서 A제품은 최대 30개까지 생산할 수 있다.

10

정답 ③

[오답분석]

- A계열사의 제품이 불량일 확률 : $\frac{3}{10}×\frac{2}{100}=\frac{6}{1,000}$

- B계열사의 제품이 불량일 확률 : $\frac{7}{10}×\frac{3}{100}=\frac{21}{1,000}$

- 불량품인 부품을 선정할 확률 : $\frac{6}{1,000}+\frac{21}{1,000}=\frac{27}{1,000}$

따라서 B계열사의 불량품일 확률은 $\frac{21}{27}=\frac{7}{9}$이다.

11

정답 ③

A, B, C, D연구원의 나이를 각각 a, b, c, d살이라고 하자.

$a+d-5=b+c \cdots \bigcirc$

$c=a-2 \cdots \bigcirc\!\!\!\bigcirc$

$d=a+5 \cdots \bigcirc\!\!\!\bigcirc$

$\bigcirc\!\!\!\bigcirc$, $\bigcirc\!\!\!\bigcirc$에서 각각 C연구원은 $30-2=28$살이고, D연구원은 $30+5=35$살임을 알 수 있다. $\bigcirc$에 A, C, D연구원 나이를 대입하면

$30+35-5=b+28$

$\therefore b=32$

따라서 B연구원의 나이는 32살이다.

12

정답 ④

개선 전 부품 1단위 생산 시 투입비용은 총 40,000원이었다. 생산 비용 감소율이 30%이므로 개선 후 총비용은 28,000원이어야 한다.

따라서 ⓐ+ⓑ의 값으로 적절한 것은 10,000원이다.

13

정답 ⑤

오답분석

①   ②   ③   ④

14

정답 ③

15

정답 ③

• 1층 : 5×5＝25개
• 2층 : 25－4＝21개
• 3층 : 25－9＝16개
• 4층 : 25－10＝15개
∴ 25＋21＋16＋15＝77개

16

정답 ②

사진(Photograph)과 가장 관련이 없는 단어는 연필(Pencil)이다.

오답분석

① 셀프카메라
③ 풍경
④ 사진첩
⑤ 카메라

17

정답 ①

Truth와 Fact 모두 '사실'을 의미한다.

오답분석

② 대화
③ 신뢰
④ 공원
⑤ 휴식

18

정답 ①

• 에어백(Airbag) : 차량 추돌 시 승객을 보호하기 위해 전개되는 공기 주머니

19

정답 ⑤

• Gasoline : 휘발유

20

정답 ④

보기에서 연결되어 있는 기어는 저단(Low)이다.

21

정답 ④

태양광 발전은 발전기의 도움 없이 태양 전지를 이용하여 태양의 빛에너지를 직접 전기 에너지로 전환시키는 발전 방식이다. 태양광을 이용하면 고갈될 염려가 없고, 환경오염 물질을 배출하지 않아서 친환경 발전이라 할 수 있다.

22

정답 ④

스피커는 전기신호를 진동판의 진동으로 바꾸어 공기에 소밀파를 발생시켜 음파를 복사한다.

23

정답 ④

오답분석

① 고속전자의 흐름을 물질에 충돌시켰을 때 생기는 파장이 짧은 전자기파
② 태양광의 스펙트럼을 사진으로 찍었을 때, 가시광선의 단파장보다 바깥쪽에 나타나는 눈에 보이지 않는 빛
③ 가시광선보다 파장이 길며, $0.75\mu m$에서 1mm 범위에 속하는 전자기파
⑤ 파장이 X선보다 짧은 영역의 전자기파이며, 방사성원소로부터 나오는 자연 방사선

24

정답 ①

오답분석

② 환자의 몸 안에서 들리는 소리를 들어서 질병의 진단을 하는데 사용하는 의료기기
③ 신체에서 발생한 열에 의한 몸의 온도 변화를 측정하는 기구
④ 동맥 혈류를 차단하여 간접적으로 동맥 혈압을 측정하는 기구
⑤ 초전도 현상을 이용한 자기공명 영상장치로 인체 내부를 들여다보는 기구

25

오답분석

ㄴ. 열기관은 고열원에서 저열원으로 이동한다. 저열원에서 고열원으로 이동시키는 기관은 열펌프이다.

26

$\text{PIV} = \sqrt{2}\,\text{V} = \sqrt{2} \times 100 ≒ 141.4\text{V}$

27

전력량은 줄[J]로 환산되며, 전력이 와트[W]로 환산된다.

28

주어진 회로는 단상 전파 정류 회로이므로, $E_d = 0.9E = 9$이다. 따라서 $\text{I}_d = \dfrac{E_d}{R} = \dfrac{9}{5,000} = 1.8\text{mA}$이다.

∵ $1\text{mA} = 1,000\text{A}$

29

등기구의 설치 요구사항(KEC 234.1.2)

등기구는 제조사의 지침과 KS 표준 및 다음 항목을 고려하여 설치하여야 한다.

• 시동 전류
• 고조파 전류
• 보상
• 누설 전류
• 최초 점화 전류
• 전압 강하

30

정류회로에서 다이오드를 여러 개 접속하는 경우 직렬은 다이오드를 과전압으로부터 보호할 수 있으며, 병렬은 다이오드를 과전류로부터 보호할 수 있다.

31

• (초속) $= \dfrac{1.6 \times 1,000}{40} = 40\text{m/s}$
• (시속) $= 40\text{m/s} \times 60초 \times 60분 = 144,000\text{m/h} = 144\text{km/h}$

32

오답분석

②·③·④·⑤ 전동용 기계요소에 속한다.

33

정답 ③

실린더 보링 후 표면조도 향상을 위해 호닝작업을 실시한다.

34

정답 ①

$36km/h=10m/s$

$a=\dfrac{0-10}{10}=-1m/s^2$

35

정답 ①

$(\text{종감속비})=\dfrac{(\text{링기어 잇수})}{(\text{구동 피니언 잇수})}$ 이므로 종감속비는 $\dfrac{30}{6}=5$이다.

양 바퀴의 직진 시 회전수는 $\dfrac{1,000}{5}$ 이므로 200rpm이다.

차동장치의 한쪽 바퀴의 회전수가 증가하면 반대쪽 바퀴의 회전수가 증가한 양만큼 감소하므로 왼쪽 바퀴의 회전수가 150rpm이면 오른쪽 바퀴의 회전수는 250rpm이다.

36

정답 ④

$1PS=75kg_f \cdot m/s$ 이므로 $\dfrac{150\times1}{75}=2PS$이다.

37

정답 ④

마스터 백은 유압식 제동장치의 구성 부품이다.

38

정답 ①

외접 기어는 회전 방향이 반대이고, 내접 기어는 회전 방향이 같다.

39

정답 ②

전동식 동력조향장치의 특징
• 유압제어를 하지 않으므로 오일이 필요 없다.
• 엔진동력손실이 적어져 연비가 향상된다.
• 전자제어식 유압제어 장치보다 부품 수가 적다.
• 오일펌프가 필요 없다.
• 유압식 동력조향장치에 비해 핸들 복원력이 약해 주행 중에 지속적인 조작이 필요하다.

40

정답 ②

아들자의 영점이 어미자 눈금의 44mm와 45mm 사이에 있다. 또한 아들자의 눈금과 어미자의 눈금이 일치하는 곳은 아들자 눈금 0.15mm 부분이므로 나사의 길이는 44+0.15=44.15mm이다.

제7회 실전모의고사

01	02	03	04	05	06	07	08	09	10	11	12	13	14	15	16	17	18	19	20
①	①	③	③	②	②	②	④	②	②	③	④	③	③	⑤	③	⑤	②	④	②
21	22	23	24	25	26	27	28	29	30	31	32	33	34	35	36	37	38	39	40
③	①	①	④	②	②	③	⑤	②	②	③	①	③	④	③	②	③	④	②	③

01
정답 ①

제시문은 고전 범주화 이론에 바탕을 두고 있는 성분 분석 이론이 단어의 의미를 충분히 설명하지 못한다는 것을 말하고 있다. 따라서 제시문의 주제는 고전 범주화 이론의 한계이다.

오답분석

②·③·⑤ '새'는 고전적인 성분 분석의 예로써 언급되는 것이기 때문에 주제가 될 수 없다.
④ 성분 분석 이론의 바탕은 고전 범주화 이론이고, 이는 너무 포괄적이기 때문에 글의 주제가 될 수 없다.

02
정답 ①

합리주의적인 언어 습득의 이론에 의하면, 어린이가 언어를 습득하는 것은 거의 전적으로 타고난 특수한 언어 학습 능력과 일반 언어 구조에 대한 추상적인 선험적 지식에 의해서 이루어지는 것이다. 반면 경험주의 이론은 경험적인 훈련(후천적)이 핵심이므로, ①은 경험주의적 입장에 해당한다.

03
정답 ③

ⓒ 가문소설은 17세기 후반에 등장했고, 양난 이후의 사회적 배경을 반영하는 작품이다.
ⓒ 17세기 전반에 있었던 전쟁으로 인해 벌열들의 입지가 흔들리고 권위가 위축되며 이에 대한 반작용으로 가부장적인 질서를 강화하는 이데올로기가 등장했다. 가문소설은 그러한 맥락에서 나타났다.

오답분석

㉠ 가문소설을 쓴 여성 작가가 존재했으리라 추측하지만, 그들이 사대부 가문의 여성인지는 지문에 명확하게 나타나지 않는다.
㉣ 제시문에 따르면 가문소설의 구성이 당시의 시대 배경과 관련이 있다고 나오므로, 가문소설은 당시의 시대적 상황을 반영하고 있다고 할 수 있다.

04
정답 ③

제시문을 요약하면 다음과 같다.
• 얼굴을 맞대고 하는 접촉이 매체를 통한 접촉보다 결정적인 영향력을 미친다.
• 새 어형이 전파되는 것은 매체를 통해서보다 사람과의 직접적인 접촉에 의해서라는 것이 더 일반적인 견해이다.
• 매체를 통한 것보다 자주 접촉하는 사람들을 통해 언어 변화가 진전된다는 사실은 언어 변화의 여러 면을 바로 이해하는 핵심적인 내용이라 해도 좋을 것이다.
따라서 빈칸에는 직접 접촉과 간접 접촉에 따라 언어 변화의 영향력에 차이가 있다는 내용이 오는 것이 적절하다.

05

정답 ②

제시문의 마지막 문단에서 '말이란 결국 생각의 일부분을 주워 담는 작은 그릇'이고, '말을 통하지 않고는 생각을 전달할 수가 없는 것'이라고 하며 말은 생각을 전달하기 위한 수단임을 주장하고 있다.

06

정답 ②

조건에 따라 A, B, C, D의 사무실 위치를 정리하면 다음과 같다.

구분	2층	3층	4층	5층
경우 1	부장	B과장	대리	A부장
경우 2	B과장	대리	부장	A부장
경우 3	B과장	부장	대리	A부장

B가 과장이므로 대리가 아닌 A는 부장의 직책을 가진다.

[오답분석]
① A부장 외의 또 다른 부장은 2층, 3층 또는 4층에 근무한다.
③ 대리는 3층 또는 4층에 근무한다.
④ B는 2층 또는 3층에 근무한다.
⑤ C의 직책은 알 수 없다.

07

정답 ②

• 국내 여행을 선호하는 남학생 수 : $30-16=14$명
• 국내 여행을 선호하는 여학생 수 : $20-14=6$명

따라서 국내 여행을 선호하는 학생 수는 $14+6=20$명이므로 구하는 확률은 $\dfrac{14}{20}=\dfrac{7}{10}$이다.

08

정답 ④

3대의 버스 중 출근 시각보다 일찍 도착할 2대의 버스를 고르는 경우의 수는 $_3C_2=3$이다.

따라서 구하는 확률은 $3\times\dfrac{3}{8}\times\dfrac{3}{8}\times\dfrac{1}{2}=\dfrac{27}{128}$이다.

09

정답 ②

볼펜은 1개가 부족하고, 지우개와 샤프는 각각 2개가 남아 볼펜 30자루, 지우개 36개, 샤프 24개를 학생들에게 똑같이 나눠주는 경우와 같다.
따라서 30, 36, 24의 최대공약수 6으로, 학생 수는 6명이다.

10

정답 ②

일의 양을 1이라고 가정하면, A는 하루에 $\dfrac{1}{6}$, B는 하루에 $\dfrac{1}{8}$만큼 일을 한다. 문제 조건에 맞게 B 혼자 일한 기간을 X일이라 하고 방정식을 세우면 다음과 같다.

$$\dfrac{1}{6}+\left(\dfrac{1}{6}+\dfrac{1}{8}\right)\times2+\dfrac{1}{8}X=1 \rightarrow \dfrac{1}{2}+\dfrac{1}{4}+\dfrac{X}{8}=1 \rightarrow \dfrac{4+2+X}{8}=1 \rightarrow X=2$$

따라서 B가 혼자 일을 끝내기 위해 필요한 기간은 2일이다.

11

정답 ③

길이가 6분인 곡이 길이가 4분, 5분인 곡을 합한 것보다 1곡 더 많이 연주되었으므로

$z=x+y+1 \cdots \bigcirc$

음악회 전체에 걸린 시간은 총 92분이고 연주곡 사이의 준비시간은 가장 마지막 곡에는 포함되지 않는다.

$4x+5y+6z+(x+y+z-1)=92 \cdots \bigcirc$

$\bigcirc$과 $\bigcirc$을 연립하면 $12x+13y=86$이 되는데, 이를 만족하는 13의 배수 y는 짝수이므로 $x=5$, $y=2$이다.

따라서 길이가 6분인 곡은 $z=5+2+1=8$곡이 연주되었다.

12

정답 ④

매월 갑, 을 팀의 총득점과 병, 정 팀의 총득점이 같다.

따라서 빈칸에 들어갈 적절한 수는 $1,156+2000-1,658=1,498$이다.

13

정답 ③

14

정답 ③

• 1층 : $5 \times 5-1=24$개
• 2층 : $25-4=21$개
• 3층 : $25-7=18$개
• 4층 : $25-13=12$개
∴ $24+21+18+12=75$개

15

정답 ⑤

오답분석

16

정답 ③

사무실(Office)과 가장 관련이 없는 단어는 망원경(Telescope)이다.

오답분석

① 컴퓨터
② 서류
④ 전화기
⑤ 책상

17

Hope와 Wish 모두 '희망'을 의미한다.

[오답분석]
① 분노
② 공황
③ 기쁨
④ 두려움

18

• 펜더(Fender) : 바퀴가 구르며 튀어 오르는 이물질을 막는 외장 부품

19

[오답분석]
① Seat Belt
② Radiator Grille
③ Battery
⑤ Seat

20

수동변속 자동차의 페달 중 오른편에서 왼쪽에 있는 페달은 브레이크(Brake)이다.

21

단위 면적당 작용하는 힘을 감지하고, 터치스크린이나 디지털 저울에 이용되는 센서는 '압력 센서'이다. 영어로는 'Pressure Sensor'라고 한다.

22

정류 작용은 통전 방향에 따라 전류가 잘 흐르는 정도가 달라지는 성질로, 좁은 의미로 한쪽 방향으로는 전류가 잘 흐르지만 반대 방향으로는 전류가 흐르지 않게 하는 성질을 말한다.

23

X선은 보이지 않는 빛의 한 종류로, 물질을 잘 통과하는 성질이 있어 몸속에 있는 뼈를 촬영할 때 쓰인다.

24

자기 기록 매체에 정보가 기록(저장)될 때에는 전자석의 원리가 이용되며, 기록(저장)된 정보의 재생은 전자기 유도 현상이 이용된다.

25

재생 에너지원은 사용해도 없어지지 않고 다시 생겨나는 에너지원으로 태양, 지열, 바람, 파도 등이 해당된다.

26

$P=I^2R$에서

$I= \sqrt{\dfrac{R}{P}} = \sqrt{\dfrac{10\times10^3}{10\times10^3}} = 1A$

27

펠티어 효과는 두 종류의 금속으로 하나의 폐회로를 만들고, 여기에 전류를 흘리면 양 접속점에서 한쪽은 온도가 올라가고 다른 쪽은 온도가 내려가서 열의 발생 또는 흡수가 생기며, 전류를 반대 방향으로 변화시키면 열의 발생과 흡수했던 곳이 바뀌는 현상이다.

28

$H= \dfrac{1}{2\pi r} AT/m$에서 $I=2\pi rH = 2\times\pi\times0.8\times20 = 32\pi A$

29

옴의 법칙(Ohm's law)에 따르면 전기 회로에 흐르는 전류의 세기는 전압(전위차)에 비례하고 도체의 저항(R)에 반비례한다.

$I= \dfrac{V}{R}[A]$ (R : 회로에 따라 정해지는 상수)

30

전기자 반작용은 권선에 흐르는 전류에 의한 자기장이 계자 권선의 주자속에 영향을 주는 현상을 말한다.

31

$S_{20} = S_t + 0.0007\times(t-20)$
$S_{20} = 1.276 + 0.0007\times(30-20) = 1.283$

32

등속 조인트 종류
트랙터형, 이중 십자형, 벤딕스 와이스형, 제파형, 버필드형

33

$1PS ≒ 735W ≒ 176cal/s$($\because$ $1J=0.24cal$)

34

$\frac{1}{2}mv^2 = \mu mgd$ 이므로 $d = \frac{v^2}{2\mu g} = \frac{10^2}{2 \times 0.3 \times 9.8} = 17\text{m}$이다.

[다른풀이]

$S_b = \frac{v^2}{254\mu}$ 이고 10m/s=36km/h이므로 제동거리는 $\frac{36^2}{254 \times 0.3} = 17\text{m}$이다.

35

[스프링 정수(k)] $= \frac{[\text{작용하중}(w)]}{[\text{처짐량}(\delta)]}$ 이므로 $5 = \frac{w}{10}$ 에서 $w = 5 \times 10 = 50\text{kg}_f$ 이다.

36

$[\text{℃}] = ([\text{℉}] - 32) \times \frac{5}{9}$ 이므로 $(176 - 32) \times \frac{5}{9} = 80\text{℃}$이다.

섭씨 온도(℃)와 화씨 온도(℉)와의 관계

$[\text{℃}] = ([\text{℉}] - 32) \times \frac{5}{9}$

37

아들자의 영점이 어미자 눈금의 25mm와 26mm 사이에 있다. 또한 아들자의 눈금과 어미자의 눈금이 일치하는 곳은 아들자 눈금 0.05mm 부분이므로 실린더의 내경은 25+0.05=25.05mm이다.

38

제너 다이오드는 역방향에 가해지는 전압이 어떤 값 이상에 이르면 정방향 특성과 같이 급격히 전류가 흐르게 되는 다이오드로서, 정전압 회로에 사용된다.

39

외접 기어는 회전 방향이 반대이고, 내접 기어는 회전 방향이 같다.

40

전해액면이 낮아지면 증류수를 넣어 보충하여야 하며, 전해액은 강한 화학물질이므로 피부, 의복에 노출되지 않도록 유의해야 한다.

제8회 실전모의고사

01	02	03	04	05	06	07	08	09	10	11	12	13	14	15	16	17	18	19	20
③	③	②	①	④	⑤	④	④	③	②	②	⑤	④	⑤	③	②	③	④	①	①

21	22	23	24	25	26	27	28	29	30	31	32	33	34	35	36	37	38	39	40
④	②	⑤	①	④	③	③	②	①	④	①	⑤	②	④	③	①	③	④	③	③

01　　　　　　　　　　　　　　　　　　　　정답 ③

마지막 문단에서 '선비들은 어려서부터 머리가 희어질 때까지 오직 글쓰기나 서예 등만 익혔을 뿐이므로 갑자기 지방 관리가 되면 당황하여 어찌할 바를 모른다.'고 하여 형벌에 대한 사대부들의 무지를 비판하고 있음을 알 수 있다.

02　　　　　　　　　　　　　　　　　　　　정답 ③

제시된 글은 '디드로 효과'라는 개념에 대해 설명하는 글로, 디드로가 친구로부터 받은 실내복을 입게 되면서 벌어진 일련의 일들에 대하여 '친구로부터 실내복을 받음 → 옛 실내복을 버림 → 실내복에 어울리게끔 책상을 바꿈 → 서재의 벽장식을 바꿈 → 결국 모든 걸 바꾸게 됨'의 과정으로 인과관계에 따라 서술하고 있다. 친구로부터 실내복을 받은 것이 첫 번째 원인이 되고 그 이후의 일들은 그것의 결과이자 새로운 원인이 되어 일어나게 된다.

03　　　　　　　　　　　　　　　　　　　　정답 ②

오답분석

① 제시문에서 힘의 반대 방향으로 오목하게 들어갈 경우 효과적으로 견딜 수 있다는 것을 알 수 있다.
③・⑤ 제시문에서 원기둥 모양의 캔이 재료를 가장 적게 사용할 수 있다는 것을 알 수 있다.
④ 갈비뼈는 외부를 향해 오목한 모양이므로 외부로부터의 충격에 효과적으로 견딜 수 있다.

04　　　　　　　　　　　　　　　　　　　　정답 ①

글쓴이는 우리의 전통음악인 정악에 대해 설명하면서 정악을 우리의 음악으로 받아들이지 않는 혹자의 의견을 예상하고 있으며, 이에 대해 종묘제례악과 풍류음악을 근거로 들어 정악은 우리의 전통음악임을 주장하고 있다.

05　　　　　　　　　　　　　　　　　　　　정답 ④

제시문을 따르면 '지은, 지영, 수지, 주현, 진리'의 순서대로 서 있다. 따라서 수지가 3번째로 서 있음을 알 수 있고, 지영이는 수지 옆에 있으므로 A와 B 둘 다 틀리다.

06　　　　　　　　　　　　　　　　　　　　정답 ⑤

노란색 병이 독약이 아니라면 노란색 병이 진실이라고 말하고 있는 초록색 병 또한 독약이 아닌 병이 된다. 독약이 아닌 병은 1개이므로, 노란색 병과 초록색 병은 진실을 말하고 있지 않은 독약이 든 병이다.
또한 빨간색 병이 독약이 아니라면 주황색 병이 독약이고, 주황색 병이 독약이 아니라면 빨간색 병이 독약이다. 그러나 둘 중 어느 경우가 맞는지는 확신할 수 없다.

07

정답 ④

전체 합격자 수가 280명이므로 남학생 합격자는 $280 \times \dfrac{5}{7} = 200$명, 여학생은 $280 - 200 = 80$명이다. 불합격한 남학생과 여학생의 수를 각각 $4a$명, $3a$명이라 가정하고, 전체 학생 수에 대한 남녀 비율식을 세우면 다음과 같다.

$(200 + 4a) : (80 + 3a) = 3 : 2 \rightarrow (200 + 4a) \times 2 = (80 + 3a) \times 3 \rightarrow 400 + 8a = 240 + 9a$

$\therefore a = 160$

따라서 여학생 지원자는 $80 + 3 \times 160 = 560$명임을 알 수 있다.

08

정답 ④

프로젝트를 끝내는 일의 양을 1이라고 가정한다. 혼자 할 경우 서주임은 하루에 할 수 있는 일의 양은 $\dfrac{1}{24}$이고, 김대리는 $\dfrac{1}{16}$이며, 함께 할 경우 $\dfrac{1}{24} + \dfrac{1}{16} = \dfrac{5}{48}$만큼 할 수 있다. 문제에서 함께 한 일수는 3일간이며, 김대리 혼자 한 날을 x일이라 하면 총 일의 양에 대한 방정식은 다음과 같다.

$\dfrac{5}{48} \times 3 + \dfrac{1}{16} \times x = 1 \rightarrow \dfrac{5}{16} + \dfrac{1}{16} \times x = 1 \rightarrow \dfrac{1}{16} \times x = \dfrac{11}{16}$

$\therefore x = 11$

따라서 김대리가 혼자 일하는 기간은 11일이고, 보고서를 제출할 때까지 $3 + 11 = 14$일이 걸린다.

09

정답 ③

A가 10회전한 거리는 $2 \times 24 \times 10 \times \pi = 480\pi$cm이다.

서로 맞물려 돌고 있으므로 A와 D의 회전한 거리는 같다.

D바퀴의 회전수를 x회라 하면

$2 \times 12 \times x \times \pi = 480\pi$

$\therefore x = 20$

따라서 D바퀴는 1분에 20회전한다.

10

정답 ②

톱니바퀴 수와 톱니바퀴의 회전수는 서로 반비례 관계이며 서로의 곱은 일정하다. 따라서 A는 6(톱니 수)$\times$12(회전수)$= 72$로 일정하다고 하면, B는 $\dfrac{72}{8} = 9$회전하고, D는 $\dfrac{72}{12} = 6$회전한다.

11

정답 ②

ⅰ) 어른들이 원탁에 앉는 경우의 수 : $(3-1)! = 2$가지

ⅱ) 어른들 사이에 아이들이 앉는 경우의 수 : $3! = 6$가지

따라서 원탁에 앉을 수 있는 모든 경우의 수는 $2 \times 6 = 12$가지이다.

> 원순열은 서로 다른 물건들을 원형으로 배열하는 순열이다. 이때 서로 다른 n개의 물건을 원형으로 배열하는 경우의 수는 $(n-1)!$가지이다.

12

정답 ⑤

등락률은 전일 대비 주식 가격에 대한 비율이다. 1월 7일의 1월 2일 가격 대비 증감율은 $1.1 \times 1.2 \times 0.9 \times 0.8 \times 1.1 = 1.04544$이므로 매도 시 주식가격은 $100,000 \times 1.04544 = 104,544$원이다.

오답분석

① 1월 2일 대비 1월 5일 주식가격 증감율은 $1.1 \times 1.2 \times 0.9 = 1.188$이며, 매도할 경우 $100,000 \times 1.188 = 118,800$원에 매도 가능하므로 18,800원 이익이다.

②·④ 1월 6일에 주식을 매도할 경우 가격은 $100,000 \times (1.1 \times 1.2 \times 0.9 \times 0.8) = 95,040$원이다. 따라서 $100,000 - 95,040 = 4,960$원 손실이며, 1월 2일 대비 주식가격 감소율(이익률)은 $\dfrac{100,000 - 95,040}{100,000} \times 100 = 4.96\%$이다.

③ 1월 4일에 주식을 매도할 경우 가격은 $100,000 \times (1.1 \times 1.2) = 132,000$원이므로, 이익률은 $\dfrac{132,000 - 100,000}{100,000} \times 100 = 32\%$이다.

13

정답 ④

14

정답 ⑤

15

정답 ③

- 1층 : $6 \times 3 = 18$개
- 2층 : $18 - 4 = 14$개
- 3층 : $18 - 5 = 13$개
- 4층 : $18 - 10 = 8$개
- ∴ $18 + 14 + 13 + 8 = 53$개

16

정답 ②

Exhausted와 Tired 모두 '피곤한'을 의미한다.

오답분석

① 빛나는
③ 기회
④ 대회
⑤ 차이

17

정답 ③

• Park : 공원
• Hospital : 병원

18

정답 ④

• 방향 지시등(Turn Signal) : 도로에서 차선 변경 시 다른 차량에 신호하기 위해 사용하는 점멸등

19

정답 ①

보기에서 연결되어 있는 기어는 주행(Drive)이다.

20

정답 ①

수동변속 자동차의 페달 중 가장 왼쪽에 있는 페달은 클러치(Clutch)이다.

21

정답 ④

ㄱ. 3부터 8초 사이에는 엘리베이터가 등속운동을 하고 있다. 따라서 혜린이의 몸무게는 원래 몸무게를 유지한다.

ㄴ. 8부터 10초 사이에 가속도 $a = \dfrac{0-10}{2} = -5\text{m/s}^2$이다. 따라서 저울이 가리키는 눈금은 $50 \times (10-5) = 250\text{N}$이다.

ㄷ. 엘리베이터가 1층부터 맨 위층까지 이동한 거리는 그래프의 면적과 같다.

$$\left(3 \times 10 \times \frac{1}{2}\right) + (5 \times 10) + \left(2 \times 10 \times \frac{1}{2}\right) = 75\text{m}$$이므로 이 건물의 높이는 70m 이상이다.

22

정답 ②

오답분석

ⓒ은 중력, ⓔ은 관성력의 예이다.

23

정답 ⑤

배터리 완충 시 양(+)극판에서 황산납은 점차 과산화납으로 산화된다.

24

정답 ①

8초 후 속도는 $5\text{m/s} + 4\text{m/s}^2 \times 8\text{s} = 37\text{m/s}$이며, 평균속도는 $\dfrac{\text{처음속도} + \text{나중속도}}{2} = \dfrac{5\text{m/s} + 37\text{m/s}}{2} = 21\text{m/s}$이다.

25

정답 ④

$(\text{역학적에너지}) = (\text{운동에너지}) + (\text{위치에너지}) = \dfrac{1}{2}\text{mv}^2 + \text{mgh} = \dfrac{1}{2} \times 2\text{kg} \times (3\text{m/s}^2)^2 + 2\text{kg} \times 10\text{m/s}^2 \times 5\text{m} = 109\text{J}$

26

정답 ③

역학적에너지 보존으로 감소한 운동에너지는 증가한 위치에너지와 같다.
따라서 (위치에너지) = (질량) × (중력가속도) × (높이) = $2\text{kg} \times 9.8\text{m/s}^2 \times 3\text{m} = 58.8\text{J}$이다.

27

정답 ③

공 A와 공 B의 높이 차이가 3m이고 질량과 중력가속도는 같으므로 위치 에너지의 차이는 5×9.8×(5−2)=147J이다.

28

정답 ②

전류를 흐르게 하는 원동력을 기전력이라 하며 단위는 V이다.

$E = \dfrac{W}{Q}$ [V] (Q : 전기량, W : 일의 양)

29

정답 ①

자동화재 탐지설비는 감지기, 중계기, 수신기, 음향장치, 표시램프, 전원 등으로 구성된다.

30

정답 ④

저항체의 필요조건
- 저항의 온도 계수가 작을 것
- 구리에 대한 열기전력이 적을 것
- 고유 저항이 클 것
- 내구성이 좋을 것
- 값이 쌀 것

31

정답 ①

타이어는 트레드 부분이 노면과 직접 접촉하며 그 형상에 따라 리브형, 러그형, 블록형 등으로 구분한다.

32

정답 ⑤

실린더 벽 마멸 시 발생하는 현상
- 압축압력 저하
- 피스톤 슬랩 발생
- 블로바이 가스 발생
- 오일 희석 및 연소
- 연료 소모량 증대

33

정답 ②

스탠딩 웨이브 현상이 지속되면 타이어가 과열되고 고온 상태에서의 주행은 타이어 소재가 변질되고 타이어의 수명을 감소시키며 갑작스런 타이어의 박리현상이나 파열 발생 가능성을 높인다.

[오답분석]
① 스탠딩 웨이브를 줄이기 위해 고속주행 시 타이어 내부 기압을 10% 정도 높여준다.
③ 스탠딩 웨이브는 레이디얼 타이어보다 바이어스 타이어에서 많이 발생한다.
④ 스탠딩 웨이브는 하중과 상관있다.
⑤ 스탠딩 웨이브는 여름철에 더욱 자주 발생한다.

34 정답 ④

아들자의 영점이 어미자 눈금의 12mm와 13mm 사이에 있다. 또한 아들자의 눈금과 어미자의 눈금이 일치하는 곳은 아들자 눈금 0.52mm 부분이므로 나사의 직경은 12+0.52=12.52mm이다.

35 정답 ③

공기 현가장치는 스프링 정수가 자동적으로 조정되므로 하중의 증감에 관계없이 고유 진동수를 거의 일정하게 유지할 수 있으며 차고조절 및 작은 진동 흡수 효과가 우수하다.

36 정답 ①

기어잇수는 선기어<링기어<캐리어 순이므로 선기어 고정에 링기어 구동 시 캐리어의 회전 상태는 감속된다.

37 정답 ③

'205 / 60 R 18 95 W'에서 205는 단면폭[mm], 60은 편평비, R은 래디얼 구조, 18은 림의 외경, 95는 하중지수, W는 속도지수를 의미한다.
속도지수는 보통 H, V, W, Y 등으로 표기하며 각각 210km/h, 240km/h, 270km/h, 300km/h까지 버틸 수 있음을 의미한다.

38 정답 ④

디젤 엔진 및 가솔린 엔진과 비교하여 엔진 소음이 줄어든다.

가스연료 엔진의 장점
- 디젤기관과 비교 시 매연(SMOKE)이 100% 감소한다.
- 가솔린 엔진에 비해 이산화탄소는 20 ~ 30%, 일산화탄소는 30 ~ 50% 감소한다.
- 저온 시동성이 우수하고, 옥탄가 130으로 가솔린보다 높다.
- 질소산화물 등 오존 영향물질을 70% 이상 감소시킬 수 있다.
- 엔진 소음이 저감된다.

39 정답 ③

외접 기어는 회전 방향이 반대이고, 내접 기어는 회전 방향이 같다.

40 정답 ③

$$(\text{라디에이터 코어 막힘률}) = \frac{(\text{신품용량}) - (\text{구품용량})}{(\text{신품용량})} \times 100\% = \frac{30 - 15}{30} \times 100 = 50\%$$

부록

회사상식

현대자동차 회사상식

01	02	03	04	05	06	07	08	09	10	11	12	13	14	15				
①	②	④	①	②	④	①	③	①	②	④	②	②	①	③				

01

현대자동차는 고객 최우선(Customer), 도전적 실행(Challenge), 소통과 협력(Collaboration), 인재 존중(People), 글로벌 지향(Globality) 등의 5대 핵심 가치(Core Value)를 통해 '자동차에서 삶의 동반자로'라는 비전(Vision)을 세우고, 이러한 핵심 가치와 비전을 토대로 '창의적 사고와 끝없는 도전을 통해 새로운 미래를 창조함으로써 인류 사회의 꿈을 실현한다'는 경영철학(Management Philosophy)을 도출하였다.

오답분석
② '혁신적 제품 및 서비스 제공, 고객 안전 및 행복 추구, 사회공헌, 지속적인 내실 성장 실현' 등은 쌍용자동차의 기업이념이다.
③ 한국GM 쉐보레는 글로벌 브랜드를 지향점으로 삼는다.
④ 존중(Respect), 신뢰(Trust), 투명(Transparency) 등의 핵심 가치를 통해 도출된 르노코리아의 비전이다.

02

현대자동차 전용 전기차 브랜드 아이오닉의 2번째 모델인 아이오닉 6는 2023년 1월 유럽의 신차 안전성 평가 프로그램인 유로 NCAP(New Car Assessment Programme)의 '대형 패밀리카(Large Family Car)' 부문에서 '최우수(Best in Class)' 차량에 선정됐다. 유로 NCAP측은 아이오닉 6가 정면·측면 충돌 실험에서 승객 공간이 안전한 상태를 유지해 성인과 어린이 탑승자의 주요 신체를 잘 보호했다며 강건한 차체는 물론 승객을 보호하는 에어백 시스템, 다양한 첨단 안전 보조 기능 등이 결합되어 최고 등급의 안전도 획득을 이끌었다며 선정 사유를 밝혔다.

03

쏘나타 : 1985년 10월 국내 최초로 크루즈 컨트롤을 장비한 고급 승용차로 출시되었고, 2023년 5월 현재까지 생산이 이어지고 있다.

오답분석
① 아반떼 : 1995년 3월 독자 개발한 수출 전량형 준중형차로 출시되었고, 2023년 5월 현재까지 생산이 이어지고 있다.
② 그랜저 : 1986년 7월 일본 미쓰비시와 공동 개발한 고급 승용차로 출시되었고, 2023년 5월 현재까지 생산이 이어지고 있다.
③ 엑센트 : 1994년 4월 모든 부품을 완전히 현대자동차의 독자 기술로 개발한 최초의 차량으로, 국내시장에서는 2019년 단종되었다.

04

히어(H-ear)는 현대자동차(H)의 귀가 되어 고객의 소리를 듣고(Hear), 고객과 함께 자동차의 미래를 설계하기 위한 고객 소통 채널이다. 'H-ear'를 통해 차량 정보, 서비스, 트렌드에 대한 고객의 아이디어·제안을 공유하며, 설문조사와 주어진 질문을 주제로 토론할 수 있다. 이러한 과정을 통해 도출된 실행안을 현대자동차의 분야별 전문 담당자들이 검토하여 현대자동차의 각종 제품과 서비스에 반영한다.

05

정답 ②

현대자동차는 공유가치 창출(CSV; Creating Shared Value)을 통해 사회 임팩트를 확산하고, 지속 가능한 기업 생태계를 구축하기 위해 현대자동차가 추구하는 지속 가능한 미래를 향한 의지를 담아 2022년 1월 'Hyundai Continue' 이니셔티브를 시작했다. '하나로 이어진 우리, 연결을 시작하다'는 공약(公約) 아래 전개되는 Hyundai Continue는 지구와 사람의 공존을 위한 노력, 자유로운 이동과 연결을 위한 노력, 미래 세대의 희망을 위한 노력으로 이루어져 있다.

06

정답 ④

현대자동차는 미래 세대가 내일을 꿈꾸고 무엇이든 도전할 수 있도록 아동, 청소년, 청년을 위한 다양한 희망 지원 활동들을 사업장이 위치한 글로벌 지역사회 곳곳에서 펼치고 있다. 이러한 활동 가운데 하나인 'Hope on Wheels'는 미국의 소아암 연구를 지원하는 캠페인으로, 1998년 이어져오고 있다. 2021년 말 누적 기부금은 총 1억 8,500만 달러에 달한다.

오답분석

① '비전 드라이브'는 현대자동차 남양연구소에서 펼치고 있는 활동으로, 임직원 강연 기부 비전 멘토링과 명사 초청 강연 비전 페스티벌로 구성된다. 비전 멘토링은 현대자동차 임직원이 학교를 방문해 자동차의 역사와 기술, 미래 모빌리티 등에 대한 이해를 통해 학생들에게 자동차 산업의 진로 탐색 기회를 제공하는 활동이다. 비전 페스티벌은 다양한 분야의 명사를 초청해 명사와 대담하는 기회를 제공함과 동시에 다양한 분야의 진로 강연을 들을 수 있는 프로그램이다.

② 'Hyundai Help for Kids'는 호주의 어린이들과 가족에게 도움을 주는 활동이다. 생활에 필수적인 자금 지원뿐만 아니라 차량을 보조하고 교육을 제공하는 등 다양한 활동을 진행하고 있다. 2014년부터 2020년까지 모금된 기부금은 1,000만 달러를 넘었다.

③ 'Safe Road Traffic Project'는 러시아 연방 교통경찰과 교육부와 협업해 2017년부터 펼치고 있는 어린이 교통안전 교육이다. 어린이는 물론 부모와 어린이집, 교사 등도 교육 대상이며, 온라인 게임 시뮬레이터 프로그램을 론칭함으로써 비대면으로도 교육 활동을 벌이고 있다.

07

정답 ①

LCA(전과정 평가)는 'Life Cycle Assessment'의 약어로, 제품의 제조 공정 및 서비스가 생산되어 폐기되기까지의 모든 과정이 환경에 미치는 영향에 대해 평가하는 기법을 말한다. 원료의 채취 → 가공·조립·제조 → 수송·유통 → 사용 → 폐기·재활용에 이르는 제품의 라이프 사이클을 통한 모든 영향, 환경 부하 등을 분석·평가하는 것으로, 제품이 환경에 끼치는 악영향을 저감하거나 개선하고자 한다. 국제규격(ISO 14040 및 14044)에 LCA 가이드라인이 제시되어 있다.

오답분석

② AAM(미래 항공 모빌리티)은 'Advanced Air Mobility'의 약어로, 항공 서비스가 부족하거나 항공 서비스를 받지 못하는 지역 사이에 사람·화물을 옮길 수 있는 항공 운송 체계를 가리킨다. 예컨대 수직 이착륙이 가능한 전동 무인 드론을 활용하면 교통 혼잡의 해소, 도서·산간 접근성 개선 등은 물론 환경 오염, 소음 공해 등 문제를 해결할 것으로 기대된다. 한편 현대자동차는 2022년 1월 AAM본부를 설치했으며, AAM 연구소 착공을 위한 작업에 나서는 등 국내 항공 모빌리티 산업의 기초를 다지고 있다.

③ SOEC(고체 산화물 전해조 전지)는 'Solid Oxide Electrolysis Cell'의 약어로, 이산화탄소 배출 없이 물에서 그린수소를 생산하는 기술이다. 저비용으로 수소를 생산할 수 있는 차세대 기술로 주목을 받고 있다. 그린수소는 재생에너지에서 나온 전기로 물을 산소와 수소로 분해해 생산하는 수전해수소를 말한다.

④ E-GMP는 'Electric-Global Modular Platform'의 약어로, 현대자동차에서 개발한 차세대 전기차 전용 플랫폼이다. E-GMP는 확장 가능한 휠베이스를 통해 다양한 유형의 차량을 구성할 수 있도록 모듈화·표준화된 통합 플랫폼으로, 더 긴 거리 주행을 가능하게 하고, 충전 시간을 한층 단축할 수 있다. 또한 바닥을 평평하게 만들 수 있고 엔진과 변속기, 연료탱크 등이 차지하던 공간이 사라져 내부 공간을 더욱 여유롭게 활용할 수 있다.

08

'NEXO'는 고대 게르만어로는 '물의 정령'을, 라틴어·스페인어로는 '결합·연계'를 뜻한다. 현대자동차 측은 'NEXO'가 "산소와 수소의 '결합'으로 오직 에너지와 '물'만 발생하는 궁극의 친환경차의 특성을 정확히 표현한다"고 설명했다.

오답분석

① 'IONIQ'은 전기의 힘으로 에너지를 만들어내는 '이온(Ion)'과 현대자동차의 독창성을 뜻하는 '유니크(Unique)'를 조합한 명칭이다.

② 'VENUE'는 영어로 콘서트·스포츠경기·회담 등의 장소, 즉 특별한 일이나 활동을 위한 장소를 의미한다. 이는 차량의 실내 공간은 물론 운전자가 차량과 함께 도달하고 싶은 장소, 또는 인생에서 도달하고 싶은 장소·목표·지향점 등 다양한 의미로 해석된다.

④ 'CASPER'는 스케이트보드를 뒤집어 착지하는 기술을 뜻하며, 새로운 차급, 기존 자동차의 고정관념을 뒤집으려는 의지를 표현한 명칭이다.

09

그린존(Green Zone)은 현대자동차는 2008년 ~ 2013년에 내몽골 아빠까치 차칸노르 지역에서 현대 그린존 1차 사업을 진행하였으며, 2014년 ~ 2020년 진행한 2차 사업에서는 정란치 보샤오떼노르 및 하기노르 지역을 초지로 조성하고, 현지 정부에 사막화 방지 생태복원 기술을 이전했다. 현대 그린존 프로젝트에는 현대자동차 임직원, 대학생 봉사단이 지속적으로 참여하고 있다. 이러한 중국 사회에 대한 기여를 인정받아 현대자동차는 중국 사회과학원 CSR 연구센터의 '2021 기업사회책임 발전지수 평가'에서 6년 연속으로 자동차 기업 부문 1위에 선정되었다.

오답분석

② 그린워싱(Green Washing) : 'Green'과 'White Washing(세탁)'의 합성어로, 실제로는 환경에 해롭지만 마치 친환경적인 것처럼 광고하는 것을 말한다. 기업들이 자사의 상품을 환경 보호에 도움이 되는 것처럼 홍보하는 '위장환경주의'를 뜻하기도 한다. 기업이 상품을 생산하는 과정에서 일어나는 환경오염 문제는 축소시키고 재활용 등의 일부 과정만을 부각시켜 마치 친환경인 것처럼 포장하는 것이 이에 해당한다.

③ 그린뮤팅(Green Muting) : 그린워싱과 반대로 기업이 그린워싱으로 오해받는 리스크를 우려해 환경 보호·개선 노력과 성과에 대해 정보 공개나 주장을 거의 하지 않는 행위를 뜻한다.

④ 그린카본(Green Carbon) : 자연에 존재하는 탄소는 그것이 포함된 환경에 따라 그린카본, 블루카본, 블랙카본 등으로 분류된다. 그린카본은 열대우림 등의 삼림과 같은 육상 생태계가 흡수하는 탄소, 즉 식물의 광합성에 이용되는 탄소를 의미한다. 블루카본은 바닷가에 서식하는 동식물과 퇴적물 등 해양 생태계가 흡수하는 탄소를 가리킨다. 그린카본과 블루카본은 지구온난화를 해소하는 수단이 될 수 있다. 블랙카본은 화석연료나 나무 등이 불완전 연소하면서 발생하는 탄소를 가리키며, 지구온난화를 부채질할 수 있다.

10

정답 ②

해피무브(Happy Move)는 현대자동차그룹이 운영하는 '해피무브 글로벌 청년봉사단'은 연간 약 1,000명의 대한민국 청년을 선발해 방학기간을 이용해 해외 각국으로 파견하며, 이들은 건축, 환경, 교육, 문화 등 다양한 분야에서 봉사활동을 펼친다. 단발성 파견의 한계를 넘어서고자 개발도상국 내 저개발지역 가운데 3년 이상 봉사단을 파견할 마을을 선정하며, 단원들이 현지의 주민 대학생들과 함께 워크숍 등을 통해 마을의 문제를 개선할 수 있는 아이디어를 제안하며, 현지 주민의 실질적 자립에 기여한다.

오답분석

① 해피콜(Happy Call) : 고객과의 원만한 관계를 형성하고 이를 통해 간접적으로 판매 활동을 촉진하기 위한 마케팅 전략을 가리킨다. 애프터서비스를 비롯해 고객의 기념일에 선물을 보낸다거나 우수 제안을 한 고객에게 사은품을 제공하는 것 등이 있다.

③ 해피아워(Happy Hour) : 호텔의 식음료 매장에서 하루 중 손님이 드문 시간대를 이용하여 저렴한 가격이나 무료로 음료 및 간단한 식사나 간식거리 따위를 제공하는 서비스를 뜻한다.

④ 해피 바이러스(Happy Virus) : 한 사람 또는 일부의 말이나 행복을 통해 다른 사람이 행복을 느끼고, 그러한 분위기가 널리 퍼지는 현상을 뜻한다.

11

정답 ④

현대자동차그룹의 인재상
• 도전 : 실패를 두려워하지 않으며, 신념과 의지를 가지고 적극적으로 업무를 추진하는 인재
• 창의 : 항상 새로운 시각에서 문제를 바라보며 창의적인 사고와 행동을 실무에 적용하는 인재
• 열정 : 주인의식과 책임감을 바탕으로 회사와 고객을 위해 헌신적으로 몰입하는 인재
• 협력 : 개방적 사고를 바탕으로 타 조직과 방향성을 공유하고 타인과 적극적으로 소통하는 인재
• 글로벌 마인드 : 타 문화의 이해와 다양성의 존중을 바탕으로 글로벌 네트워크를 활용하여 전문성을 개발하는 인재

12

정답 ②

현대자동차의 5대 핵심 가치(Core Value)
• 고객 최우선(Customer) : 최고의 품질과 최상의 서비스를 제공함으로써 모든 가치의 중심에 고객을 최우선으로 두는 고객 감동의 기업 문화를 조성한다.
• 도전적 실행(Challenge) : 현실에 안주하지 않고 새로운 가능성에 도전하며 '할 수 있다'는 열정과 창의적 사고로 반드시 목표를 달성한다.
• 소통과 협력(Collaboration) : 타 부문 및 협력사에 대한 상호 소통과 협력을 통해 '우리'라는 공동체 의식을 나눔으로써 시너지 효과를 창출한다.
• 인재 존중(People) : 우리 조직의 미래가 각 구성원들의 마음가짐과 역량에 달려 있음을 믿고 자기계발에 힘쓰며, 인재 존중의 기업 문화를 만들어 간다.
• 글로벌 지향(Globality) : 문화와 관행의 다양성을 존중하며, 모든 분야에서 글로벌 최고를 지향하고 글로벌 기업시민으로서 존경 받는 개인과 조직이 된다.

13

정답 ②

코나는 2017년 6월에 첫 출시된 소형 SUV이다(직렬 4기통 휘발유 엔진, 배기량 1,591cc).

오답분석

① 투싼 : 2004년 3월에 첫 출시된 준중형 크로스오버 SUV이다(직렬 4기통 디젤 또는 휘발유 엔진, 배기량 1,991cc).
③ 싼타페 : 2000년 6월에 첫 출시된 모노코크 SUV이다(직렬 4기통 디젤 엔진, 배기량 1,991cc).
④ 제네시스 : 2008년 1월에 첫 출시된 고급 후륜구동 승용차이다(6기통 휘발유 엔진, 배기량 3,778cc).

14

정답 ①

'일본 올해의 차 위원회 실행위원회'는 2022년 12월 현대자동차 아이오닉 5를 '2022 ~ 2023 올해의 수입차'로 선정했다. 이로써 아이오닉 5는 한국산 자동차로서는 처음으로 '일본 올해의 차'에서 수상한 모델이 되었다. 주최 측은 아이오닉 5에 대해 "혁신적 내외관 디자인은 물론 긴 1회 충전 주행가능 거리, 역동적인 주행 성능, 다양한 편의・안전 사양 등이 심사위원단의 높은 평가를 받았다."며 "특히 스티어링 휠에 장착된 패들시프트로 회생제동 단계를 바꾸는 기능도 운전의 쾌감을 선사한다는 의견이 많았다."라고 선정 사유를 밝혔다. 이에 앞서 현대차그룹의 E-GMP 플랫폼을 기반으로 개발된 최초의 전용 전기차인 아이오닉 5는 2022년 4월 '2022 월드카 어워즈'에서 '세계 올해의 자동차'를 수상한 바 있다.

15

정답 ③

현대모터스튜디오는 자동차 복합 체험 공간으로서, 서울시(2014년 5월), 하남시(2016년 9월), 고양시(2017년 3월), 부산시(2021년 4월) 등의 국내 도시와 모스크바(2015년 1월), 베이징(2017년 11월), 자카르타(2022년 6월) 등의 해외 도시에서 현대모터스튜디오를 운영 중이다. 또한 2022년에 글로벌 메타버스 플랫폼인 '제페토(2022년 5월)'에도 현대모터스튜디오를 설치했다.

"오늘 당신의 노력은 아름다운 꽃의 물이 될 것입니다."

그러나, 이 꽃을 볼 때 사람들은 이 꽃의 아름다움과 향기만을 사랑하고 칭찬하였지, 이 꽃을 그렇게 아름답게 어여쁘게 만들어 주는 병속의 물은 조금도 생각지 않는 것이 보통입니다.

만일 이 꽃병 속에 들어 있는 물을 죄다 쏟아 버리고 빈 병에다 이 꽃을 꽂아 보십시오. 아무리 아름답고 어여쁜 꽃이기로서니 단 한 송이의 꽃을 피울 수 있으며, 단 한 번이라도 꽃 향기를 날릴 수 있겠는가?

우리는 여기서 아무리 본바탕이 좋고 아름다운 꽃이라도 보이지 않는 물의 숨은 힘이 없으면 도저히 그 빛과 향기를 자랑할 수 없는 것을 알았습니다.

— 방정환의 「우리 뒤에 숨은 힘」 중 —

현대자동차 모빌리티 생산직/기술인력 답안지

문번	1	2	3	4	5		문번	1	2	3	4	5
1	①	②	③	④	⑤		21	①	②	③	④	⑤
2	①	②	③	④	⑤		22	①	②	③	④	⑤
3	①	②	③	④	⑤		23	①	②	③	④	⑤
4	①	②	③	④	⑤		24	①	②	③	④	⑤
5	①	②	③	④	⑤		25	①	②	③	④	⑤
6	①	②	③	④	⑤		26	①	②	③	④	⑤
7	①	②	③	④	⑤		27	①	②	③	④	⑤
8	①	②	③	④	⑤		28	①	②	③	④	⑤
9	①	②	③	④	⑤		29	①	②	③	④	⑤
10	①	②	③	④	⑤		30	①	②	③	④	⑤
11	①	②	③	④	⑤		31	①	②	③	④	⑤
12	①	②	③	④	⑤		32	①	②	③	④	⑤
13	①	②	③	④	⑤		33	①	②	③	④	⑤
14	①	②	③	④	⑤		34	①	②	③	④	⑤
15	①	②	③	④	⑤		35	①	②	③	④	⑤
16	①	②	③	④	⑤		36	①	②	③	④	⑤
17	①	②	③	④	⑤		37	①	②	③	④	⑤
18	①	②	③	④	⑤		38	①	②	③	④	⑤
19	①	②	③	④	⑤		39	①	②	③	④	⑤
20	①	②	③	④	⑤		40	①	②	③	④	⑤

고사장

성 명

수험번호

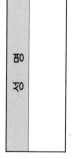

감독위원 확인

(인)

현대자동차 모빌리티 생산직/기술인력 답안지

고사장

성 명

수험번호

0	0	0	0	0	0	0	0
①	①	①	①	①	①	①	①
②	②	②	②	②	②	②	②
③	③	③	③	③	③	③	③
④	④	④	④	④	④	④	④
⑤	⑤	⑤	⑤	⑤	⑤	⑤	⑤
⑥	⑥	⑥	⑥	⑥	⑥	⑥	⑥
⑦	⑦	⑦	⑦	⑦	⑦	⑦	⑦
⑧	⑧	⑧	⑧	⑧	⑧	⑧	⑧
⑨	⑨	⑨	⑨	⑨	⑨	⑨	⑨

감독위원 확인

(인)

문번	1	2	3	4	5	문번	1	2	3	4	5		
1	①	②	③	④	⑤	21	①	②	③	④	⑤		
2	①	②	③	④	⑤	22	①	②	③	④	⑤		
3	①	②	③	④	⑤	23	①	②	③	④	⑤		
4	①	②	③	④	⑤	24	①	②	③	④	⑤		
5	①	②	③	④	⑤	25	①	②	③	④	⑤		
6	①	②	③	④	⑤	26	①	②	③	④	⑤		
7	①	②	③	④	⑤	27	①	②	③	④	⑤		
8	①	②	③	④	⑤	28	①	②	③	④	⑤		
9	①	②	③	④	⑤	29	①	②	③	④	⑤		
10	①	②	③	④	⑤	30	①	②	③	④	⑤		
11	①	②	③	④	⑤	31	①	②	③	④	⑤		
12	①	②	③	④	⑤	32	①	②	③	④	⑤		
13	①	②	③	④	⑤	33	①	②	③	④	⑤		
14	①	②	③	④	⑤	34	①	②	③	④	⑤		
15	①	②	③	④	⑤	35	①	②	③	④	⑤		
16	①	②	③	④	⑤	36	①	②	③	④	⑤		
17	①	②	③	④	⑤	37	①	②	③	④	⑤		
18	①	②	③	④	⑤	38	①	②	③	④	⑤		
19	①	②	③	④	⑤	39	①	②	③	④	⑤		
20	①	②	③	④	⑤	40	①	②	③	④	⑤		

현대자동차 모빌리티 생산직/기술인력 답안지

문번	1	2	3	4	5		문번	1	2	3	4	5		
1	①	②	③	④	⑤		21	①	②	③	④	⑤		
2	①	②	③	④	⑤		22	①	②	③	④	⑤		
3	①	②	③	④	⑤		23	①	②	③	④	⑤		
4	①	②	③	④	⑤		24	①	②	③	④	⑤		
5	①	②	③	④	⑤		25	①	②	③	④	⑤		
6	①	②	③	④	⑤		26	①	②	③	④	⑤		
7	①	②	③	④	⑤		27	①	②	③	④	⑤		
8	①	②	③	④	⑤		28	①	②	③	④	⑤		
9	①	②	③	④	⑤		29	①	②	③	④	⑤		
10	①	②	③	④	⑤		30	①	②	③	④	⑤		
11	①	②	③	④	⑤		31	①	②	③	④	⑤		
12	①	②	③	④	⑤		32	①	②	③	④	⑤		
13	①	②	③	④	⑤		33	①	②	③	④	⑤		
14	①	②	③	④	⑤		34	①	②	③	④	⑤		
15	①	②	③	④	⑤		35	①	②	③	④	⑤		
16	①	②	③	④	⑤		36	①	②	③	④	⑤		
17	①	②	③	④	⑤		37	①	②	③	④	⑤		
18	①	②	③	④	⑤		38	①	②	③	④	⑤		
19	①	②	③	④	⑤		39	①	②	③	④	⑤		
20	①	②	③	④	⑤		40	①	②	③	④	⑤		

교시장

성 명

수험번호

⓪	①	②	③	④	⑤	⑥	⑦	⑧	⑨
⓪	①	②	③	④	⑤	⑥	⑦	⑧	⑨
⓪	①	②	③	④	⑤	⑥	⑦	⑧	⑨
⓪	①	②	③	④	⑤	⑥	⑦	⑧	⑨
⓪	①	②	③	④	⑤	⑥	⑦	⑧	⑨
⓪	①	②	③	④	⑤	⑥	⑦	⑧	⑨
⓪	①	②	③	④	⑤	⑥	⑦	⑧	⑨

감독위원 확인

인

[지원서 접수증] 현대자동차 모빌리티 생산직/기술인력 답안지

고사장	

성 명	

수험번호

⓪	⓪	⓪	⓪	⓪	⓪	⓪
①	①	①	①	①	①	①
②	②	②	②	②	②	②
③	③	③	③	③	③	③
④	④	④	④	④	④	④
⑤	⑤	⑤	⑤	⑤	⑤	⑤
⑥	⑥	⑥	⑥	⑥	⑥	⑥
⑦	⑦	⑦	⑦	⑦	⑦	⑦
⑧	⑧	⑧	⑧	⑧	⑧	⑧
⑨	⑨	⑨	⑨	⑨	⑨	⑨

감독위원 확인	(인)

문번	1	2	3	4	5	문번	1	2	3	4	5
1	①	②	③	④	⑤	21	①	②	③	④	⑤
2	①	②	③	④	⑤	22	①	②	③	④	⑤
3	①	②	③	④	⑤	23	①	②	③	④	⑤
4	①	②	③	④	⑤	24	①	②	③	④	⑤
5	①	②	③	④	⑤	25	①	②	③	④	⑤
6	①	②	③	④	⑤	26	①	②	③	④	⑤
7	①	②	③	④	⑤	27	①	②	③	④	⑤
8	①	②	③	④	⑤	28	①	②	③	④	⑤
9	①	②	③	④	⑤	29	①	②	③	④	⑤
10	①	②	③	④	⑤	30	①	②	③	④	⑤
11	①	②	③	④	⑤	31	①	②	③	④	⑤
12	①	②	③	④	⑤	32	①	②	③	④	⑤
13	①	②	③	④	⑤	33	①	②	③	④	⑤
14	①	②	③	④	⑤	34	①	②	③	④	⑤
15	①	②	③	④	⑤	35	①	②	③	④	⑤
16	①	②	③	④	⑤	36	①	②	③	④	⑤
17	①	②	③	④	⑤	37	①	②	③	④	⑤
18	①	②	③	④	⑤	38	①	②	③	④	⑤
19	①	②	③	④	⑤	39	①	②	③	④	⑤
20	①	②	③	④	⑤	40	①	②	③	④	⑤

현대자동차 모빌리티 생산직/기술인력 답안지

문번	1	2	3	4	5		문번	1	2	3	4	5	
1	①	②	③	④	⑤		21	①	②	③	④	⑤	
2	①	②	③	④	⑤		22	①	②	③	④	⑤	
3	①	②	③	④	⑤		23	①	②	③	④	⑤	
4	①	②	③	④	⑤		24	①	②	③	④	⑤	
5	①	②	③	④	⑤		25	①	②	③	④	⑤	
6	①	②	③	④	⑤		26	①	②	③	④	⑤	
7	①	②	③	④	⑤		27	①	②	③	④	⑤	
8	①	②	③	④	⑤		28	①	②	③	④	⑤	
9	①	②	③	④	⑤		29	①	②	③	④	⑤	
10	①	②	③	④	⑤		30	①	②	③	④	⑤	
11	①	②	③	④	⑤		31	①	②	③	④	⑤	
12	①	②	③	④	⑤		32	①	②	③	④	⑤	
13	①	②	③	④	⑤		33	①	②	③	④	⑤	
14	①	②	③	④	⑤		34	①	②	③	④	⑤	
15	①	②	③	④	⑤		35	①	②	③	④	⑤	
16	①	②	③	④	⑤		36	①	②	③	④	⑤	
17	①	②	③	④	⑤		37	①	②	③	④	⑤	
18	①	②	③	④	⑤		38	①	②	③	④	⑤	
19	①	②	③	④	⑤		39	①	②	③	④	⑤	
20	①	②	③	④	⑤		40	①	②	③	④	⑤	

고사장

성 명

수 험 번 호

⓪	①	②	③	④	⑤	⑥	⑦	⑧	⑨
⓪	①	②	③	④	⑤	⑥	⑦	⑧	⑨
⓪	①	②	③	④	⑤	⑥	⑦	⑧	⑨
⓪	①	②	③	④	⑤	⑥	⑦	⑧	⑨
⓪	①	②	③	④	⑤	⑥	⑦	⑧	⑨
⓪	①	②	③	④	⑤	⑥	⑦	⑧	⑨
⓪	①	②	③	④	⑤	⑥	⑦	⑧	⑨

감독위원 확인

인

현대자동차 모빌리티 생산직/기술인력 답안지

교시명

성 명

수험번호

	⓪	①	②	③	④	⑤	⑥	⑦	⑧	⑨
	⓪	①	②	③	④	⑤	⑥	⑦	⑧	⑨
	⓪	①	②	③	④	⑤	⑥	⑦	⑧	⑨
	⓪	①	②	③	④	⑤	⑥	⑦	⑧	⑨
	⓪	①	②	③	④	⑤	⑥	⑦	⑧	⑨
	⓪	①	②	③	④	⑤	⑥	⑦	⑧	⑨
	⓪	①	②	③	④	⑤	⑥	⑦	⑧	⑨

감독위원 확인

(인)

문번	1	2	3	4	5	문번	1	2	3	4	5
1	①	②	③	④	⑤	21	①	②	③	④	⑤
2	①	②	③	④	⑤	22	①	②	③	④	⑤
3	①	②	③	④	⑤	23	①	②	③	④	⑤
4	①	②	③	④	⑤	24	①	②	③	④	⑤
5	①	②	③	④	⑤	25	①	②	③	④	⑤
6	①	②	③	④	⑤	26	①	②	③	④	⑤
7	①	②	③	④	⑤	27	①	②	③	④	⑤
8	①	②	③	④	⑤	28	①	②	③	④	⑤
9	①	②	③	④	⑤	29	①	②	③	④	⑤
10	①	②	③	④	⑤	30	①	②	③	④	⑤
11	①	②	③	④	⑤	31	①	②	③	④	⑤
12	①	②	③	④	⑤	32	①	②	③	④	⑤
13	①	②	③	④	⑤	33	①	②	③	④	⑤
14	①	②	③	④	⑤	34	①	②	③	④	⑤
15	①	②	③	④	⑤	35	①	②	③	④	⑤
16	①	②	③	④	⑤	36	①	②	③	④	⑤
17	①	②	③	④	⑤	37	①	②	③	④	⑤
18	①	②	③	④	⑤	38	①	②	③	④	⑤
19	①	②	③	④	⑤	39	①	②	③	④	⑤
20	①	②	③	④	⑤	40	①	②	③	④	⑤

현대자동차 모빌리티 생산직/기술인력 답안지

문번	1	2	3	4	5		문번	1	2	3	4	5	
1	①	②	③	④	⑤		21	①	②	③	④	⑤	
2	①	②	③	④	⑤		22	①	②	③	④	⑤	
3	①	②	③	④	⑤		23	①	②	③	④	⑤	
4	①	②	③	④	⑤		24	①	②	③	④	⑤	
5	①	②	③	④	⑤		25	①	②	③	④	⑤	
6	①	②	③	④	⑤		26	①	②	③	④	⑤	
7	①	②	③	④	⑤		27	①	②	③	④	⑤	
8	①	②	③	④	⑤		28	①	②	③	④	⑤	
9	①	②	③	④	⑤		29	①	②	③	④	⑤	
10	①	②	③	④	⑤		30	①	②	③	④	⑤	
11	①	②	③	④	⑤		31	①	②	③	④	⑤	
12	①	②	③	④	⑤		32	①	②	③	④	⑤	
13	①	②	③	④	⑤		33	①	②	③	④	⑤	
14	①	②	③	④	⑤		34	①	②	③	④	⑤	
15	①	②	③	④	⑤		35	①	②	③	④	⑤	
16	①	②	③	④	⑤		36	①	②	③	④	⑤	
17	①	②	③	④	⑤		37	①	②	③	④	⑤	
18	①	②	③	④	⑤		38	①	②	③	④	⑤	
19	①	②	③	④	⑤		39	①	②	③	④	⑤	
20	①	②	③	④	⑤		40	①	②	③	④	⑤	

교시장

성 명

수험번호

⓪	①	②	③	④	⑤	⑥	⑦	⑧	⑨
⓪	①	②	③	④	⑤	⑥	⑦	⑧	⑨
⓪	①	②	③	④	⑤	⑥	⑦	⑧	⑨
⓪	①	②	③	④	⑤	⑥	⑦	⑧	⑨
⓪	①	②	③	④	⑤	⑥	⑦	⑧	⑨
⓪	①	②	③	④	⑤	⑥	⑦	⑧	⑨
⓪	①	②	③	④	⑤	⑥	⑦	⑧	⑨

감독위원 확인

(인)

※ 정착상을 따라 분리하여 실제 시험과 같이 사용하면 더욱 효과적입니다.

현대자동차 모빌리티 생산직/기술인력 답안지

교시장		

성 명		

수험번호

⓪	⓪	⓪	⓪	⓪	⓪	⓪
①	①	①	①	①	①	①
②	②	②	②	②	②	②
③	③	③	③	③	③	③
④	④	④	④	④	④	④
⑤	⑤	⑤	⑤	⑤	⑤	⑤
⑥	⑥	⑥	⑥	⑥	⑥	⑥
⑦	⑦	⑦	⑦	⑦	⑦	⑦
⑧	⑧	⑧	⑧	⑧	⑧	⑧
⑨	⑨	⑨	⑨	⑨	⑨	⑨

감독위원 확인	㉂

문번	1	2	3	4	5	문번	1	2	3	4	5
1	①	②	③	④	⑤	21	①	②	③	④	⑤
2	①	②	③	④	⑤	22	①	②	③	④	⑤
3	①	②	③	④	⑤	23	①	②	③	④	⑤
4	①	②	③	④	⑤	24	①	②	③	④	⑤
5	①	②	③	④	⑤	25	①	②	③	④	⑤
6	①	②	③	④	⑤	26	①	②	③	④	⑤
7	①	②	③	④	⑤	27	①	②	③	④	⑤
8	①	②	③	④	⑤	28	①	②	③	④	⑤
9	①	②	③	④	⑤	29	①	②	③	④	⑤
10	①	②	③	④	⑤	30	①	②	③	④	⑤
11	①	②	③	④	⑤	31	①	②	③	④	⑤
12	①	②	③	④	⑤	32	①	②	③	④	⑤
13	①	②	③	④	⑤	33	①	②	③	④	⑤
14	①	②	③	④	⑤	34	①	②	③	④	⑤
15	①	②	③	④	⑤	35	①	②	③	④	⑤
16	①	②	③	④	⑤	36	①	②	③	④	⑤
17	①	②	③	④	⑤	37	①	②	③	④	⑤
18	①	②	③	④	⑤	38	①	②	③	④	⑤
19	①	②	③	④	⑤	39	①	②	③	④	⑤
20	①	②	③	④	⑤	40	①	②	③	④	⑤

현대자동차 모빌리티 생산직/기술인력 답안지

문번	1	2	3	4	5		문번	1	2	3	4	5		
1	①	②	③	④	⑤		21	①	②	③	④	⑤		
2	①	②	③	④	⑤		22	①	②	③	④	⑤		
3	①	②	③	④	⑤		23	①	②	③	④	⑤		
4	①	②	③	④	⑤		24	①	②	③	④	⑤		
5	①	②	③	④	⑤		25	①	②	③	④	⑤		
6	①	②	③	④	⑤		26	①	②	③	④	⑤		
7	①	②	③	④	⑤		27	①	②	③	④	⑤		
8	①	②	③	④	⑤		28	①	②	③	④	⑤		
9	①	②	③	④	⑤		29	①	②	③	④	⑤		
10	①	②	③	④	⑤		30	①	②	③	④	⑤		
11	①	②	③	④	⑤		31	①	②	③	④	⑤		
12	①	②	③	④	⑤		32	①	②	③	④	⑤		
13	①	②	③	④	⑤		33	①	②	③	④	⑤		
14	①	②	③	④	⑤		34	①	②	③	④	⑤		
15	①	②	③	④	⑤		35	①	②	③	④	⑤		
16	①	②	③	④	⑤		36	①	②	③	④	⑤		
17	①	②	③	④	⑤		37	①	②	③	④	⑤		
18	①	②	③	④	⑤		38	①	②	③	④	⑤		
19	①	②	③	④	⑤		39	①	②	③	④	⑤		
20	①	②	③	④	⑤		40	①	②	③	④	⑤		

고사장

성 명

수 험 번 호

⓪	①	②	③	④	⑤	⑥	⑦	⑧	⑨
⓪	①	②	③	④	⑤	⑥	⑦	⑧	⑨
⓪	①	②	③	④	⑤	⑥	⑦	⑧	⑨
⓪	①	②	③	④	⑤	⑥	⑦	⑧	⑨
⓪	①	②	③	④	⑤	⑥	⑦	⑧	⑨
⓪	①	②	③	④	⑤	⑥	⑦	⑧	⑨
⓪	①	②	③	④	⑤	⑥	⑦	⑧	⑨

감독위원 확인

㊞

현대자동차 모빌리티 생산직/기술인력 답안지

고사장

성 명

수 험 번 호

⓪	⓪	⓪	⓪	⓪	⓪	⓪			
①	①	①	①	①	①	①	①		
②	②	②	②	②	②	②	②		
③	③	③	③	③	③	③	③		
④	④	④	④	④	④	④	④		
⑤	⑤	⑤	⑤	⑤	⑤	⑤	⑤		
⑥	⑥	⑥	⑥	⑥	⑥	⑥	⑥		
⑦	⑦	⑦	⑦	⑦	⑦	⑦	⑦		
⑧	⑧	⑧	⑧	⑧	⑧	⑧	⑧		
⑨	⑨	⑨	⑨	⑨	⑨	⑨	⑨		

감독위원 확인

(인)

문번	1	2	3	4	5	문번	1	2	3	4	5	문번	1	2	3	4	5
1	①	②	③	④	⑤	21	①	②	③	④	⑤						
2	①	②	③	④	⑤	22	①	②	③	④	⑤						
3	①	②	③	④	⑤	23	①	②	③	④	⑤						
4	①	②	③	④	⑤	24	①	②	③	④	⑤						
5	①	②	③	④	⑤	25	①	②	③	④	⑤						
6	①	②	③	④	⑤	26	①	②	③	④	⑤						
7	①	②	③	④	⑤	27	①	②	③	④	⑤						
8	①	②	③	④	⑤	28	①	②	③	④	⑤						
9	①	②	③	④	⑤	29	①	②	③	④	⑤						
10	①	②	③	④	⑤	30	①	②	③	④	⑤						
11	①	②	③	④	⑤	31	①	②	③	④	⑤						
12	①	②	③	④	⑤	32	①	②	③	④	⑤						
13	①	②	③	④	⑤	33	①	②	③	④	⑤						
14	①	②	③	④	⑤	34	①	②	③	④	⑤						
15	①	②	③	④	⑤	35	①	②	③	④	⑤						
16	①	②	③	④	⑤	36	①	②	③	④	⑤						
17	①	②	③	④	⑤	37	①	②	③	④	⑤						
18	①	②	③	④	⑤	38	①	②	③	④	⑤						
19	①	②	③	④	⑤	39	①	②	③	④	⑤						
20	①	②	③	④	⑤	40	①	②	③	④	⑤						

2024 최신판 시대에듀 현대자동차 모빌리티 생산직 / 기술인력 실전모의고사

개정2판2쇄 발행	2024년 08월 20일 (인쇄 2024년 07월 16일)
초 판 발 행	2023년 03월 15일 (인쇄 2023년 03월 06일)
발 행 인	박영일
책 임 편 집	이해욱
편 저	SDC(Sidae Data Center)
편 집 진 행	안희선 · 윤지원
표지디자인	박수영
편집디자인	최미란 · 장성복
발 행 처	(주)시대고시기획
출 판 등 록	제10-1521호
주 소	서울시 마포구 큰우물로 75 [도화동 538 성지 B/D] 9F
전 화	1600-3600
팩 스	02-701-8823
홈 페 이 지	www.sdedu.co.kr
I S B N	979-11-383-7142-1 (13320)
정 가	18,000원

시대에듀가 합격을 준비하는
당신에게 제안합니다.

결심하셨다면 지금 당장 실행하십시오.
시대에듀와 함께라면 문제없습니다.

성공의 기회!
시대에듀를 잡으십시오.

NEXT STEP!

기회란 포착되어 활용되기 전에는 기회인지조차 알 수 없는 것이다.

- 마크 트웨인 -

더 이상의
고졸/전문대졸 필기시험 시리즈는
없다!

알차다
꼭 알아야 할 내용을
담고 있으니까

친절하다
핵심 내용을 쉽게
설명하고 있으니까

핵심을 뚫는다
시험 유형과 유사한
문제를 다루니까

명쾌하다
상세한 풀이로 완벽하게
익힐 수 있으니까

성공은
나를 응원하는 사람으로부터 시작됩니다.

시대에듀가 당신을 힘차게 응원합니다.

고졸 / 전문대졸 취업 기초부터 합격까지! 취업의 문을 여는 Master Key!

고졸/전문대졸 필기시험 시리즈

· SK그룹 생산직

· SK하이닉스
Operator / Maintenance

· SK이노베이션

· GSAT 5급

· GS칼텍스 생산기술직

· 포스코그룹
생산기술직 / 직업훈련생

※도서의 이미지 및 구성은 변동될 수 있습니다.

현재 나의 실력을 객관적으로 파악해 보자!
모바일 OMR
답안채점 / 성적분석 서비스

도서에 수록된 모의고사에 대한 객관적인 결과(정답률, 순위)를
종합적으로 분석하여 제공합니다.

OMR 입력

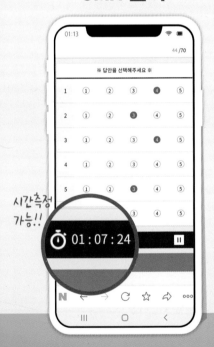

시간측정
가능!!

성적분석

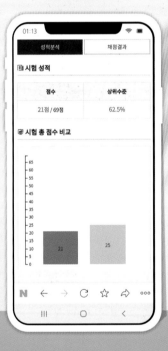

채점결과

※OMR 답안채점 / 성적분석 서비스는 등록 후 30일간 사용가능합니다.

참여방법

도서 내 모의고사
우측 상단에 위치한
QR코드 찍기
→
LOG IN
로그인
하기
→

'시작하기'
클릭
→

'응시하기'
클릭
→
나의 답안을
모바일 OMR
카드에 입력
→

'성적분석&채점결과'
클릭
→
현재 내 실력
확인하기

언택트 시대의 새로운 합격전략!
온라인 모의고사
맞춤형 온라인 테스트, 합격시대

쿠폰번호를 등록하면 온라인 모의고사를
응시할 수 있습니다!

현대자동차
모빌리티

생산직
기술인력

실전모의고사 8회분

최신 출제경향 전면 반영

합격의 모든 것!

시대에듀

정가 **18,000**원

발행일 2024년 8월 20일 | **발행인** 박영일
책임편집 이해욱 | **편저** SDC(Sidae Data Center) | **발행처** (주)시대고시기획
등록번호 제10-1521호 | **대표전화** 1600-3600 | **팩스** (02)701-8823
주소 서울시 마포구 큰우물로 75 [도화동 538 성지B/D] 9F
학습문의 www.sdedu.co.kr

13320

9 791138 371421

ISBN 979-11-383-7142-1

창의적 사고와 끝없는 도전을 통해 새로운 미래를 창조함으로써 인류 사회의 꿈을 실현한다.

자동차에서 삶의 동반자로

휴머니티를 향한 진보
Progress for Humanity

포터 Ⅱ Electric

※ 단위 : mm, 초장축 슈퍼캡 범퍼가드 장착 기준

전고
1,970

윤거 전	1,485
전폭	1,740

축간거리	2,810
전장	5,105

상면지상고
800

윤거 후	1,320

▸ 세계 최초의 전기충전식 1톤 트럭

소형트럭

포터 Ⅱ

※ 단위 : mm, 초장축 슈퍼캡 범퍼가드 장착 기준

전고
1,970

윤거 전	1,485
전폭	1,740

축간거리	2,640
전장	5,155

상면지상고
780

윤거 후	1,320

▸ 2022년 누적 판매량 기준 상용차 1위

`MPV`

스타리아

※ 단위 : mm, 윤거는 235/55 R18 타이어 기준

전고	1,990		
윤거 전	1,721	축간거리 3,275	윤거 후 1,732
전폭	1,995	전장 5,255	

▶ 현대차 최초 '횡풍안정제어(Crosswind Stability Control)' 신기술 적용

`수소/전기차`

아이오닉 6

※ 단위 : mm, 윤거는 245/40 R20 타이어 기준, 윤거 수치의 ( )는 18인치 휠 기준

전고	1,495		
윤거 전	1,630(1,635)	축간거리 2,950	윤거 후 1,639(1,644)
전폭	1,880	전장 4,855	

▶ 현대차 최초 '지능형 헤드램프(IFS, Intelligent Front-lighting System)' 탑재

더 뉴 아이오닉 5

※ 단위: mm, 윤거는 255/45 R20 타이어 기준, 윤거 수치의 ( )는 19인치 휠 기준
※ N Line은 20인치 휠 기본 적용

전고	1,605		
윤거 전	1,628(1,638)	축간거리 3,000	윤거 후 1,637(1,647)
전폭	1,890	전장 4,655	

넥쏘

※ 단위 : mm, ( )는 루프랙 장착 시, 윤거는 19인치 타이어 기준

전고	1,630(1,640)		
윤거 전	1,614	축간거리 2,790	윤거 후 1,625
전폭	1,860	전장 4,670	

▶ 4년 연속 세계 수소전기차 '판매 1위'

베뉴

※ 단위 : mm, 윤거는 205/55 R17 타이어 기준, ( )는 루프랙 선택 시

전고 1,585(1,610)

| 윤거 전 | 1,535 | 축간거리 | 2,520 | 윤거 후 | 1,545 |
| 전폭 | 1,770 | 전장 | 4,040 | | |

더 뉴 투싼/더 뉴 투싼 Hybrid

※ 단위 : mm, 윤거는 235/55 R19 타이어 기준, 윤거 수치의 ( )는 17인치 휠 기준
※ N Line은 19인치 휠 기본 적용

전고 1,665

| 윤거 전 | 1,615(1,620) | 축간거리 | 2,755 | 윤거 후 | 1,622(1,627) |
| 전폭 | 1,865 | 전장 | 4,640 | | |

▶ 투싼 Hybrid : 현대차 최초 터보 엔진 기반의 하이브리드 시스템

디 올 뉴 싼타페/디 올 뉴 싼타페 Hybrid

※ 윤거는 스마트스트림 가솔린 2.5 터보 모델 21인치 타이어 기준

전고 1,730(1,780)

| 윤거 전 | 1,643 | 축간거리 | 2,815 | 윤거 후 | 1,653 |
| 전폭 | 1,900 | 전장 | 4,830 | | |

팰리세이드

※ 단위 : mm

전고 1,750

| 윤거 전 | 1,708 | 축간거리 | 2,900 | 윤거 후 | 1,716 |
| 전폭 | 1,975 | 전장 | 4,995 | | |

승용

디 올 뉴 그랜저/디 올 뉴 그랜저 Hybrid

※ 단위 : mm, 윤거는 245/40 R20 타이어 기준

전고	1,460
윤거 전	1,624
전폭	1,880
축간거리	2,895
전장	5,035
윤거 후	1,631

▶ 디 올 뉴 그랜저 : 인포테인먼트 시스템 ccNC(connected car Navigation Cockpit) 최초 탑재

더 뉴 아반떼/더 뉴 아반떼 Hybrid

※ 단위 : mm, 윤거는 가솔린 1.6 모델 17인치 타이어 기준
※ N Line은 가솔린 1.6 모델 18인치 타이어 기준

전고	1,420
윤거 전	1,579
전폭	1,825
축간거리	2,720
전장	4,710
윤거 후	1,590

쏘나타 디 엣지/쏘나타 디 엣지 Hybird

※ 단위 : mm, 윤거는 가솔린/LPG 235/45 R18 타이어 기준
※ N Line은 245/40 R19 타이어 기준

전고	1,445
윤거 전	1,618
전폭	1,860
축간거리	2,840
전장	4,910
윤거 후	1,625

▶ 쏘나타 Hybrid : 현대차 최초 '솔라루프 시스템' 탑재

SUV

코나/코나 Hybird

※ 단위 : mm, ( )는 루프랙 선택 시, 이미지 및 윤거 수치는 스마트스트림 가솔린 1.6 터보/가솔린 2.0의 19인치 타이어 기준

전고	1,585(1,590)
윤거 전	1,589
전폭	1,825
축간거리	2,660
전장	4,350
윤거 후	1,598